Manuel
de composition
française

Manuel
de composition
française

PIERRE LIMOUZY

St. Louis University

JACQUES BOURGEACQ

University of Iowa

Random House, New York

Library of Congress Catalog Card Number 74–113610

Manufactured in the United States of America. Printed and bound by
The Haddon Craftsmen Inc.
Scranton, Pennsylvania
Typography by Ernst Reichel Associates

9876

ACKNOWLEDGMENTS

Acknowledgment is gratefully extended to the following publishers for permission to reprint material:

Editions Arthaud for Maurice Herzog, *Annapurna*.

Calmann-Lévy, Editeur, for Anatole France, *La Vie littéraire*; Anatole France, Le Jardin d'épicure; and Pierre Loti, *Le Roman d'un enfant*.

Editions Gallimard for Marcel Aymé, *Le Vin de Paris*, © Editions Gallimard; André Gide, *Le Prométhée mal enchaîné*, © Editions Gallimard; Albert Camus, *L'etranger,* © Editions Gallimard; and Henry Montherlant, *La Reine Morte,* © Editions Gallimard.

Mercure de France for Georges Duhamel, *Fables de mon jardin*.

Editions Albin Michel for Romain Rolland, *Jean-Christophe à Paris*.

PREFACE

PURPOSE: This *Manuel de composition française* has a dual purpose: To introduce the student to the more sophisticated syntactical patterns of the language and to increase his vocabulary, thus enabling him to write free composition. Obviously, the art of composition, especially in a foreign language, is a difficult one and can be mastered only within a discipline.

Some may think this manual too concerned with grammar, too technical. But learning to write is a matter of technique, and years of experimentation have proven this method successful in teaching the conscientious student to express mature ideas clearly and correctly and in bridging the gap between the elementary French of the first years and the more complex language of literature.

CONTENT: The *Manuel* is composed of fifteen practice chapters, ten grammatical appendices, a vocabulary list, and an index of grammatical terms.

A. *The fifteen practice chapters* lead the student from simple description to abstract topics. These chapters are of two kinds:
   1. Eight composition chapters divided into the following sections:
      a. A list of verbs likely to be used in the particular context of the chapter and to be reviewed by the student in all tenses and moods.
      b. A short excerpt from a modern writer followed by questions dealing with the grammar, the vocabulary, and the ideas in the excerpt.
      c. A series of grammatical and lexical exercises expanding on the excerpt.

vii

    d. A suggested outline of the topic of the excerpt which contains systematically arranged vocabulary and idioms aimed at guiding the student in his free composition.

    e. A series of exercises using the vocabulary presented in sections b, c, and d, and dealing with stylistic problems.

    f. A topic for free composition to be written by the student.

2. Seven exercise chapters dealing with specific points of grammar. These chapters have been inserted between the composition chapters to meet the immediate needs of the student (e.g., a chapter on adjectives was placed before the chapter on description, one on the subjunctive before the chapter on narration, and one on the *mise en relief* before the chapter on dialogue).

B. *The ten grammatical appendices* are not intended to give a systematic review of grammar but rather to stress and study in depth certain points which still pose serious problems at that level and which have not been thoroughly treated in conventional review grammars. These chapters should be studied by the student and further explained and expanded in class by means of the exercises in the practice chapters.

C. *The index of grammatical terms* lists alphabetically, and with cross-references, all grammatical terminology used in the book.

D. *The vocabulary list* contains difficult words and phrases translated in their context. The following words and phrases have been omitted:

1. Those words and phrases that appear in *Le Français fondamental* (1er et 2e degrés), except in cases where they seemed to have a different meaning.

2. Those words and phrases closely resembling English in orthography and meaning.

3 Those words derived from words already known, except in cases where they would be confusing.

USE: Ideally, this textbook should be covered in a one-semester four-hour course. However, it is flexible enough to be dealt with in a one-semester three-hour course.

Further suggestions on how to use this book can be found in the Instuctor's Manual.

References

The authors are indebted to the following works:

Bailly, R., *Traité de Stylistique française*, 2 vols. Paris, 1951.

Brunot, Ferdinand, *La Pensée et la Langue*. Paris, 1926.

Grevisse, Maurice, *Le Bon Usage*, 7ᵉ edition. Gembloux, Belgium: Duculot, 1959.

Vinay, J. P., et Darbelnet, J., *Stylistique comparée du Français et de l'Anglais*. Paris: Didier, 1958.

Wartburg, Walter von, et Zumthor, Paul, *Précis de Syntaxe du Français contemporain*. 2ᵉ edition, Berne: Bibliotheca Romanica.

TABLE DES MATIERES

TABLE DES MATIERES

Manuel
de composition
française

CHAPITRE UN

Exercices

sur le présent

et le passé composé

LIRE: *Appendice I; Appendice II: Le Présent, Le Passé composé*

Texte modèle

. . . Castor est[1] d'une génération qui ne songe[2] qu'à la jouissance immédiate.

Dick n'est[3] pas de cette génération-là, grâce au ciel! C'est[4] un chien déplorablement français, un chien qui ne songe[5] qu'à l'épargne et qu'à la sécurité. Dans la génération de Dick, on a toujours travaillé[6] pour mettre quelque chose de côté, on a toujours pensé[7] sagement à l'avenir. Si Dick reçoit[8] un très petit morceau, ma foi, Dick le gobe,[9] instantanément, comme le jeune Castor. On est[10] chien ou on ne l'est[11] pas. Si Dick reçoit[12] un morceau de quelque importance, on ne peut[13] plus dire que Dick le gobe[14]: il le mange,[15] il le savoure[16] et pour ce faire tranquillement, il commence par[17] s'en aller au loin, dans une retraite préparée, à l'abri dès énergumènes, à l'abri surtout de la jeune génération. Si Dick reçoit[18] un morceau vraiment gros, vraiment considérable, alors tout change.[19] Dick pense[20] à l'avenir. Il s'esquive[21] d'un air sournois. Il reste[22] absent cinq minutes et il revient[23] enfin, le museau plein de terre. Dick est allé[24] faire un dépôt en banque. En d'autres termes, il est

3

allé[25] dans un coin du jardin et là il a creusé[26] un trou. Il a caché[27] la pitance et recouvert[28] le tout, fort soigneusement. Dick n'est[29] pas une de ces folles cervelles d'aujourd'hui. Dick pense[30] aux mauvais jours. C'est[31] un prévoyant, un sage. Dick regarde[32] Castor-le-goinfre avec un mépris souriant de la queue.

(GEORGES DUHAMEL, *Fables de mon jardin*)

ANALYSE

Ce texte est une description au présent. Il faut donc s'attendre à ce que la plupart des verbes soient au présent. Cependant tout fait antérieur au moment de la description sera présenté au moyen du passé composé.

1. est — Aspect duratif statique. Un état présent.
2. songe — Aspect duratif dynamique. Une action permanente qui se déroule au moment où parle l'auteur.
3. est
4. est — Mêmes aspects que 1.
5. songe — Même aspect que 2.
6. a travaillé — Aspect inchoatif d'une action passée mais reliée au présent et susceptible de continuer. Nous avons ici le passé composé pur qu'il ne faut pas confondre avec celui qui remplace souvent le passé simple dans le style de la conversation. (Cf. Appendice II: Le Présent.)
7. a pensé — Même aspect que 6.
8. reçoit
9. gobe (après *si*) — Aspect itératif (habituel). Le "si" qui introduit l'action a le sens de *chaque fois que*: ce cas se présente lorsque le verbe principal ("gobe") est au même temps que le verbe subordonné ("reçoit"). (Cf. Appendice II: Le Présent.)
10. est
11. est — Aspects permanents.

Les verbes de 12 à 28 expriment tous une action itérative (habituelle) dépendant de "si" (à chaque fois que). Nous ne mentionnerons donc plus cet aspect et nous bornerons à étudier chaque fait comme s'il ne s'était présenté qu'une seule fois.

12. reçoit
13. peut — Aspects ponctuels.
14. gobe — Aspect ponctuel. Il faut ajouter ici cependant que, bien que le temps présent s'impose de par le texte, le mode est subjonctif à cause du verbe déclaratif *négatif* ("ne ... plus dire") qui introduit la proposition déclarative "que Dick le gobe".

4

15. mange 16. savoure	Aspects globaux.
17. commence par	"Commencer *par*" ne prend jamais l'aspect inchoatif. Il marque seulement l'antériorité dans une série de faits. Ici, "commence par" porte sur le verbe s'en aller. Il faut comprendre: *D'abord, il s'en va*, action qui précède 15 et 16.
18. reçoit	Aspect ponctuel.
19. change 20. pense 21. s'esquive	Aspects inchoatifs.
22. reste	Aspect global. (La durée de cinq minutes en détermine le début et la fin.)
23. revient	Aspect ponctuel. "Enfin" ne donne pas au verbe *revenir* un aspect terminatif. Cet adverbe ne fait qu'accompagner le dernier verbe de la succession "change"–"pense" –"s'esquive"–"reste"–"revient".
24. est allé	Aspect ponctuel. Marque l'antériorité sur "revient".
25. est allé 26. a creusé 27. a caché 28. (a) recouvert	Mêmes aspects que 24.
29. est	Aspect duratif statique.
30. pense	Aspect duratif dynamique, qui prolonge 29 et l'explique (on verrait ici aisément un *parce que*).
31. est	Aspect duratif statique, qui reprend l'idée de 29.
32. regarde	Aspect duratif dynamique.

Exercices

1. Justifier l'emploi des présents et des passés composés dans le passage suivant.

FERRANTE: Messieurs, doña Inès de Castro n'est[1] plus. Elle m'a appris[2] la naissance prochaine d'un bâtard du prince. Je l'ai fait[3] exécuter pour préserver la pureté de la succession au trône, et pour supprimer le trouble et le scandale qu'elle causait dans mon Etat. C'est[4] là ma dernière et grande justice. Une telle décision ne se prend[5] pas sans douleur. Mais, au delà de cette femme infortunée, j'ai[6] mon royaume, j'ai[7] mon peuple, j'ai[8] mes âmes; j'ai[9] la charge que Dieu m'a confiée[10] et j'ai[11] le contrat que j'ai fait[12] avec mes peuples, quand j'ai accepté[13]

5

d'être roi. Un roi est[14] comme un grand arbre qui doit[15] faire de l'ombre . . . (*Il passe la main sur son front et chancelle.*) Oh! je crois[16] que le sabre de Dieu a passé[17] au-dessus de moi . . .

On apporte son siège. On l'assoit.

EGAS COELHO: Mon Roi! — Vite, cherchez un médecin!

FERRANTE: J'ai fini[18] de mentir.

EGAS COELHO: Ne mourez pas, au nom du ciel! (*Bas*) Pedro roi, je suis[19] perdu.

(MONTHERLANT, *La Reine morte*)

2. Mettre les verbes en italiques aux temps qui conviennent:

Un jeune roi de Perse, résolu à profiter de l'expérience du passé, ordonne aux savants du royaume de composer une histoire universelle. Trente ans plus tard, ces derniers se présentent devant le roi.

— Sire, les académiciens de votre royaume *avoir*[1] l'honneur de déposer à vos pieds l'histoire universelle qu'ils *composer*[2] à l'intention de Votre Majesté. Elle *comprendre*[3] six mille tomes et *renfermer*[4] tout ce qu'il nous *être*[5] possible de réunir touchant les mœurs des peuples et les vicissitudes des empires. Nous y *insérer*[6] les anciennes chroniques qui *être*[7] heureusement conservées, et nous les *illustrer*[8] de notes abondantes sur la géographie, la chronologie et la diplomatie. Les prolégomènes *former*[9] à eux seuls la charge d'un chameau et les paralipomènes *être*[10] portés à grand'peine par un autre chameau.

Le roi répondit:

— Messieurs, je vous *être*[11] fort obligé de la peine que vous *se donner*.[12] Mais je *être*[13] fort occupé des soins du gouvernement. D'ailleurs, je *vieillir*[14] pendant que vous travailliez. Je *passer*[15] de dix ans ce qu'un poète *appeler*[16] le milieu du chemin de la vie et, à supposer que je meure plein de jours, je ne *pouvoir*[17] raisonnablement espérer d'avoir encore le temps de lire une si longue histoire.

(ANATOLE FRANCE, *La Vie littéraire*)

CHAPITRE DEUX

Exercices

sur l'imparfait

et le passé composé

LIRE: *Appendice II: Le Passé composé, L'Imparfait*

Texte modèle

FERRANTE: J'ai connu[1] tout cela. Comme il embrassait,[2] ce petit! On l'appelait[3] Pedrito. . . . Son affection incompréhensible. Si je le taquinais,[4] si je le plaisantais,[5] si je le grondais,[6] à tout il répondait[7] en se jetant sur moi et en m'embrassant. Et il me regardait[8] longuement, de près, avec un air étonné . . .

INES: Déjà!

FERRANTE: Au commencement, j'en étais[9] gêné. Ensuite, j'ai accepté[10] cela. J'ai accepté[11] qu'il connût[12] ce que je suis.[13] Il m'agaçait[14] un peu quand il me faisait[15] des bourrades. Mais, lorsqu'il ne m'en a plus fait . . .[16] Car il est devenu[17] un homme, c'est-à-dire la caricature de ce qu'il était.[18]

(MONTHERLANT, *La Reine morte*)

ANALYSE

Ce passage, tiré d'une pièce de théâtre, fait partie d'un dialogue. Il faut donc s'attendre à trouver des passés composés remplaçant le passé simple.

7

1. ai connu   Aspect global d'une action passée non reliée au présent et dont l'époque n'est pas précisée. L'auteur aurait pu employer ici un passé simple.

2. embrassait   Aspect itératif (habituel), durée indéterminée.

3. appelait   Aspect duratif (habituel), durée indéterminée.

4. taquinais ⎫
5. plaisantais ⎬   Aspect itératif (habituel). Nous avons vu dans le texte modèle du Chapitre un le même cas au présent; dans les
6. grondais ⎭   deux cas le " si " a le sens de *chaque fois que*. (Cf. Appendice I: Le Présent.)

7. répondait ⎫
8. regardait ⎬   Aspects itératifs (habituel). Résultat de 4, 5, 6.

9. étais   Aspect itératif (habituel). Résultat de 7 et 8.

10. ai accepté   Aspect inchoatif.

11. ai accepté   Répétition de 10 (passés simples possibles car actions non reliées au présent).

12. connût   Un des temps passés du subjonctif, action inchoative.

13. suis   Aspect permanent. Le sens de la phrase est: *j'ai accepté alors qu'il connût ma personnalité telle qu'elle est.*

14. agaçait ⎫
15. faisait ⎬   Aspect itératif (habituel); série d'actions pendant une période indéterminée. Les faits 14 et 15 sont reliés dans le temps aux numéros 7 et 8.

16. a fait   Aspect terminatif non relié au présent (passé simple possible).

17. est devenu   Action ponctuelle dont le résultat se continue au présent. En effet, il est devenu un homme à un certain moment du passé et il l'est à présent.

18. était   Aspect duratif antérieur à " est devenu "; état relié dans le temps avec 4, 5, 6, 7, 8, 9, 14, 15.

Exercices

1. Justifier l'emploi des différents temps dans le passage suivant.

A un moment, il m'a dit[1]: "Vous savez, les amis de Madame votre mère vont venir la veiller aussi. C'est[2] la coutume. Il faut[3] que j'aille chercher des chaises et du café noir." Je lui ai demandé[4] si on pouvait[5] éteindre une des lampes. L'éclat de la lumière sur les murs blancs me fatiguait.[6] Il m'a dit[7] que ce n'était pas possible. L'installation était[9] ainsi faite: c'était[10] tout ou rien. Je n'ai plus beaucoup fait[11] attention à lui. Il est sorti,[12] est revenu,[13] a disposé[14] des chaises. Sur l'une d'elles, il a empilé[15] des tasses autour d'une cafetière. Puis il s'est assis[16] en face de moi, de l'autre côté de maman. La garde était[17] aussi au fond, le dos tourné. Je ne voyais[18] pas ce qu'elle faisait.[19] Mais au mouvement de ses bras, je pouvais[20] croire qu'elle tricotait.[21] Il faisait[22] doux, le café m'avait réchauffé[23] et par la porte ouverte entrait[24] une odeur de nuit et de fleurs. Je crois[25] que j'ai somnolé[26] un peu.

(ALBERT CAMUS, *L'Etranger*)

2. Mettre les verbes en italiques aux temps du passé qui conviennent:

Ce matin, en passant dans la rue, je *voir*[1] des maçons qui *bâtir*[2] une maison et qui *soulever*[3] des pierres comme les esclaves de Thèbes et de Ninive. Je *voir*[4] des mariés qui *sortir*[5] de l'église pour aller au cabaret, suivis de leur cortège, et qui *accomplir*[6] sans mélancolie les rites tant de fois séculaires. Je *rencontrer*[7] un poète lyrique qui me *réciter*[8] ses vers, qu'il croit immortels; et, pendant ce temps, des cavaliers *passer*[9] sur la chaussée, portant un casque . . . d'où *pendre*[10] encore, pour terrifier l'ennemi, la crinière mouvante qui effraya l'enfant Astyanax dans les bras de sa nourrice à la belle ceinture. Ces cavaliers *être*[11] des gardes républicains. A cette vue et songeant que les boulangers de Paris cuisent le pain dans des fours, comme aux temps d'Abraham et de Goudéa, je *murmurer*[12] la parole du Livre: "Rien de nouveau sous le soleil".

(ANATOLE FRANCE, *Le Jardin d'Epicure*)

CHAPITRE TROIS

Exercices
sur le passé simple,
l'imparfait et le
plus-que-parfait

LIRE: Appendice II: L'Imparfait, Le Plus-que-parfait

Texte modèle

Je l'avais vu[1] d'abord de Cancale, le château de fées planté dans la mer. Je l'avais vu[2] confusément, ombre grise dressée sur le ciel brumeux.

Je le revis[3] d'Avranches, au soleil couchant. L'immensité des sables était[4] rouge, l'horizon était[5] rouge, toute la baie démesurée était[6] rouge; seule, l'abbaye escarpée, poussée là-bas, loin de la terre, comme un manoir fantastique, stupéfiante comme un palais de rêve, invraisemblablement étrange et belle restait[7] presque noire dans les pourpres du jour mourant.

J'allai[8] vers elle le lendemain dès l'aube à travers les sables, l'œil tendu sur ce bijou monstrueux, grand comme une montagne, ciselé comme un camée et vaporeux comme une mousseline. Plus j'approchais,[9] plus je me sentais[10] soulevé d'admiration, car rien au monde peut-être n'est[11] plus étonnant et plus parfait.

Et j'errai,[12] surpris comme si j'avais découvert[13] l'habitation d'un dieu à travers ces salles portées par des colonnes légères ou pesantes, à travers ces couloirs percés à jour, levant mes yeux émerveillés sur ces clochetons qui semblent[14] des fusées parties vers le ciel et sur tout cet emmêlement incroyable de tourelles, de gargouilles, d'ornements sveltes et charmants, feu d'artifice de pierre, dentelle de granit, chef-d'œuvre d'architecture colossale et délicate.

(GUY DE MAUPASSANT, *Clair de lune*)

ANALYSE

1. avais vu	Aspects ponctuels, expriment l'antériorité.	
2. avais vu	Par rapport au no. 3.	
3. revis	Aspect ponctuel, passé simple de narration.	
4. était		
5. était	Aspects duratifs statiques, imparfaits de description.	
6. était		
7. restait		
8. allai	Aspect inchoatif. Le début de l'action est localisé par "dès l'aube".	
9. approchais	Aspect graduel. Action non localisée, durée indéterminée.	
10. sentais	Aspect graduel. Action simultanée à 9 et de même valeur.	
11. est	Aspect permanent. Présent intemporel.	
12. errai	Aspect inchoatif. Le début de l'action est localisé par "et" qui est ponctuel. Il faut lire, "Et je me mis à errer".	
13. avais découvert	Aspect inchoatif d'une action antérieure à *errai*.	
14. semblent	Aspect permanent. Présent intemporel.	

Exercices

1. Mettre les verbes en italiques aux temps du passé convenables et justifier votre choix.

INÈS: Le jour où je le *connaître*[1] est comme le jour où je *naître*.[2] Ce jour-là on *enlever*[3] mon cœur et on *mettre*[4] à sa place un visage humain. C'*être*[5] pendant la fête du Trône dans les jardins de Montemor. Je *se retirer*[6] un peu à l'écart, pour respirer l'odeur de la terre mouillée. Le Prince me *rejoindre*.[7] On n'*entendre*[8] plus aucun bruit de la fête, plus rien que les petits cris des oiseaux qui *changer*[9] de branche. Il me *dire*[10] que, sitôt qu'il *entendre*[11] ma voix il *se mettre*[12] à m'aimer. Cela me *rendre*[13] triste. Je le *revoir*[14] plusieurs fois dans la campagne du Mondego. Il *être*[15] toujours plein de réserve, et moi j'*être*[16] toujours triste. Enfin je lui *dire*[17]: "Laissez-moi seulement mettre ma bouche sur votre visage et je serai guérie éternellement." Il me *laisser*[18] faire et il *mettre*[19] sa bouche sur le mien.

(M<small>ONTHERLANT</small>, La Reine morte)

2. Mettre les verbes en italiques aux temps du passé convenables. (Le Prince de Bismarck se remémore son passé.)

Vingt ans plus tard, dans une heure intime et solennelle, il *sentir*[1] lui monter au cœur l'épouvante et l'horreur de son œuvre. C'*être*[2] à Varzin. Le jour *tomber*.[3] Le prince, selon son habitude, *être*[4] assis après son dîner, près du poêle, dans le grand salon où *se dresser*[5] la statue de Rauch: "la Victoire distribuant des couronnes". Après un long silence, pendant lequel il *jeter*[6] de temps à autre des pommes de pin dans le feu et *regarder*[7] droit devant lui, il *commencer*[8] tout à coup à se plaindre de ce que son activité politique ne lui *valoir*[9] que peu de satisfaction et encore moins d'amis. Personne ne l'*aimer*[10] pour ce qu'il *accomplir*.[11] Il ne *faire*[12] par là le bonheur de personne, ni de lui-même, ni de sa famille, ni de qui que ce fût.

Quelqu'un lui *suggérer*[13] qu'il *faire*[14] celui d'une grande nation.

—— Oui; mais le malheur de combien? *répondre*[15]-il.

(A<small>NATOLE</small> F<small>RANCE</small>, La Vie littéraire)

CHAPITRE QUATRE

La Description:

La Maison

LIRE: *Appendice II: Le Passé antérieur; Appendice III*

Etude de verbes

Réviser les verbes suivants à tous les temps de l'indicatif, du subjonctif et du conditionnel:

sentir, ressentir, se sentir
voir, apercevoir, entrevoir
se diriger, dégager
pénétrer
entendre, se rendre
aller
suivre
accueillir

Texte modèle

J'entrai dans la maison de M⁰ Ceyssac, comme on franchit le seuil d'une prison.

C'était une vaste maison, située dans le quartier—non pas le plus désert—mais le plus sérieux de la ville, confinant à des couvents, avec un très petit jardin qui moisissait dans l'ombre des hautes clôtures, de grandes chambres sans air et sans vue, des vestibules sonores, un escalier de pierre tournant dans une cage obscure et trop peu de gens pour animer tout cela.

On y sentait la froideur des mœurs anciennes et la rigidité des mœurs de province, le respect des habitudes, la loi de l'étiquette, l'aisance, un grand bien-être et l'ennui.

(EUGÈNE FROMENTIN, *Dominique*)

EXERCICES

1. Justifier l'emploi des temps verbaux du texte.
2. Donner dans le contexte des synonymes de:
   vaste, confinant à, très petit, obscure, seuil.
3. Donner deux mots de la famille de:
   prison, désert, jardin, ombre, sonores, sentir, respect, ennui, froideur.
4. Relever les articles du texte en indiquant s'ils sont définis, indéfinis, ou partitifs. Expliquer les omissions si on en trouve. (Cf. Appendice III.)
5. Quelle impression l'auteur a-t-il voulu communiquer?
   Illustrer à l'aide d'exemples empruntés aux deux premiers paragraphes.

Exercices d'expansion

Emploi et omission des articles (cf. Appendice III).

1. Compléter les expressions suivantes à l'aide de la préposition *de* et d'un article, si besoin est. Faire les contractions nécessaires.

   Modèle: la maison de Maître Ceyssac

   a. la maison du Docteur Ceyssac
   b. la demeure de Monsieur Ceyssac
   c. la résidence du Président Ceyssac
   d. le châlet de Ceyssac
   e. la villa de l'Amiral Ceyssac
   f. le château du Comte Ceyssac
   g. la ferme du brave Ceyssac

2. Mettre au pluriel:
   a. une vaste maison
   b. un vestibule sonore
   c. un grand vestibule
   d. une vieille fille
   e. une haute clôture

    f. un joli tableau
    g. un meuble ancien
    h. un vieux meuble
    i. un bas-quartier
    j. un petit pain

3. Compléter les expressions suivantes à l'aide de l'article qui s'impose.

Modèle: On y sentait <u>le</u> bien-être.
                <u>un</u> grand bien-être.

    a. On y sentait _____ tristesse.
                     _____ extrême tristesse.
                     _____ loi de l'étiquette.
    b. On y trouvait _____ grandes joies.
                     _____ joie de vivre.
                     _____ ennuis.
    c. On y sentait _____ ennui profond.
                     _____ paix.
                     _____ paix infinie.
    d. Il y régnait   _____ grand silence.

4. Compléter les expressions suivantes à l'aide de l'article qui convient selon le modèle ci-dessous.

Modèle: <u>un</u> rire d'enfant (espèce)
       <u>le</u> rire d'un enfant (relation)

    a. _____ maison de poupée
    b. _____ maison de ma poupée
    c. _____ chaise du salon
    d. _____ chaise de salon
    e. _____ parfum de fleurs
    f. _____ parfum des fleurs
    g. _____ porte du garage
    h. _____ porte de garage
    i. _____ clôture du jardin
    j. _____ clôture de jardin

5. Employer l'article approprié, s'il y a lieu.

    a. Il m'accueillit avec _____ joie.
             avec *une* joie débordante.
             avec *la* joie qu'il me montre d'habitude.

[handwritten notes:] dans never taked an article

[handwritten:] avec takes part. article noun for concrete noun.

15

b. Il me reçoit avec ⎯⎯ courtoisie.

    avec _une_ extrême courtoisie.

    avec _la_ courtoisie qui lui est coutumière.

c. Il me salua avec ⎯⎯ politesse.

    avec _une_ politesse obséquieuse.

    avec _la_ politesse qui le caractérise.

6. Compléter les expressions suivantes d'après le modèle ci-dessous. Faire les contractions qui s'imposent.

    Modèle: des gens

        peu de gens

        a. éprouver _de l'_ ennui

           beaucoup _d'_ ennui

        b. inspirer _de la_ crainte

           assez _de_ crainte

        c. causer _des_ ennuis

           bien _des_ ennuis

        d. avoir _des_ invités

           un grand nombre _d'_ invités

        e. entendre _des_ rires

           trop _de_ rires

7. Employer l'article défini ou indéfini s'il y a lieu. Faire les contractions qui s'imposent.

        a. un jardin entouré de ⎯⎯ clôture

           un jardin entouré de ⎯⎯ murs

           un jardin entouré de ⎯⎯ clôture la plus haute

           un jardin entouré de ⎯⎯ murs les plus hauts

        b. une allée bordée de ⎯⎯ épais gazon

           une allée bordée de ⎯⎯ géraniums que ma mère a achetés

           une rue bordée de ⎯⎯ chênes

        c. une pelouse plantée de ⎯⎯ gazon

        d. une villa surmontée de ⎯⎯ toit rouge

           des villas surmontées de ⎯⎯ toits rouges

           une colonne surmontée de ⎯⎯ buste de Washington

        e. un jardin orné de ⎯⎯ jet d'eau

           un parc orné de ⎯⎯ statues de marbre

           une cheminée ornée de ⎯⎯ photos de mes parents

    f. une maison pleine de _____ animation
        une bibliothèque remplie de _____ livres anciens
        une maison remplie de _____ cris des enfants
        une maison remplie de _____ cris d'enfants
    g. une table couverte de _____ nappe brodée
        un toit couvert de _____ tuiles rouges
        des meubles couverts de _____ poussière
        une pelouse couverte de _____ gazon le plus vert
    h. une pièce baignée de _____ lumière
        un salon baigné de _____ lumière tamisée
    i. une pelouse parsemée de _____ violettes et _____ marguerites
        un parquet jonché de _____ jouets et _____ livres d'images

Plan et vocabulaire: *Description d'une maison*

I. LA SITUATION

la maison se trouve (est située):

        dans une ville
               la banlieue (de " x ")
               une banlieue (tranquille, paisible)
               le centre de la ville (d'une petite ville, d'une ville de province, d'une grande ville)
               un quartier (riche, pauvre, bourgeois, ouvrier, calme, bruyant, animé)
               une rue (étroite, bordée d'arbres, passante, tranquille, déserte)
        sur une avenue (large, bruyante, animée, bordée d'arbres)
               un boulevard
               une place
        à la campagne
               St. Louis, Paris, Chicago
    au bord de une route (nationale)
               un lac (calme, agité)
               une rivière (limpide)
               la mer

la maison est perchée:

        au flanc de une montagne (escarpée)
        au sommet de une colline (souriante)

la maison repose:

> *au pied de*   une colline *hill*
> *au fond de*   une vallée (paisible, fertile, souriante)
> *tranquille*

II. L'EXTÉRIEUR

on s'approche *de*⎫
on se dirige *vers*⎬   la maison, la maisonnette, le châlet, la villa, la
　　　　　　　　　　　ferme, la grille (le portail), le perron, la porte
　　　　　　　　　　　d'entrée *front steps*

on suit　　　　⎫ *walk*   l'allée (sablée, de gravier, cimentée, bordée de
on emprunte⎬ *path*　　 fleurs, bordée de buissons, bordée d'une haie)
on franchit　　　　　　 la grille (en fer forgé), le portail (en bois)
on aperçoit　　　　　　 la façade (accueillante, *attractive* sévère, délabrée, *dilapidated* bien ou
　　　　　　　　　　　mal entretenue)
on distingue　　　　　 le toit (pointu, plat, de tuiles, d'ardoises, branlant) *slate shaky*
　　　　　　　　　　　la cheminée (de pierres, de briques, qui fume)
　　　　　　　　　　　les volets *shutter*
　　　　　　　　　　　les fenêtres (grandes, petites, larges, étroites)
　　　　　　　　　　　le balcon (en pierres, en bois, en briques, à
　　　　　　　　　　　colonnes)
　　　　　　　　　　　la véranda
　　　　　　　　　　　la pelouse (verte, plantée d'arbres, plantée de fleurs,
　　　　　　　　　　　plantée d'arbustes, bien tondue, négligée,
　　　　　　　　　　　desséchée) *dried up*
one-story ranch house   le jardin (potager, d'agrément), le jardinet

la maison est　　　　　 basse, moderne, vieille, rustique, grande, petite,
　　　　　　　　　　　imposante, accueillante, souriante

c'est une maison　　　　triste, maussade, délabrée
　　　　　　　　　　　gloomy

la maison:

> *à*　　　　un, deux, plusieurs étages
> *à l'aspect*⎫ accueillant, souriant, maussade, triste, effrayant, *scary*
> *d'aspect*⎬　 mystérieux
> *au*　　　 toit rouge
> *aux*　　　volets verts
> *de*　　　 style (victorien, colonial, gothique)
> *de*⎫　　 bois, pierres, briques
> *en*⎭
> *entourée de*   arbres, une clôture, un mur, une haie

III. L'INTÉRIEUR

on sonne *à*⎫
on frappe *à*⎬　　　　la porte

on entre *dans* ⎫ on pénètre *dans* ⎰	la maison, le vestibule, le salon, la salle de séjour
on franchit	le seuil (de la maison) ~threshold~
on sent	un parfum de fleurs une (bonne) odeur de cire ~wax~, de cuisine une odeur de moisi ~musty~, de renfermé ~stuffy~
on entend	des éclats de voix, des rires, des pleurs, les cris des enfants, un bruit de vaisselle, de la musique
on remarque	le décor, l'ameublement ~furnishing~ (ancien, moderne, de style) les meubles (bien cirés, poussiéreux ~dusty~) les tableaux (accrochés au mur) le tapis (moelleux ~soft~, usé, râpé ~threadbare~, sale) le parquet (ciré, reluisant ~shiny~, sale, terne) ~dull floor~ le feu (dans la cheminée) les habitants (accueillants, souriants, froids, rébarbatifs) et leurs occupations du moment

IV. L'ATMOSPHÈRE

la maison peut dégager
  une atmosphère *de*
on peut ressentir ⎫
  une impression *de* ⎰
	~comfort~ ~affluence~
	bien-être, hospitalité, gaieté, confort, luxe, aisance, sécurité
	~uneasiness~ malaise, froideur, tristesse, ennui, pauvreté, misère, mystère, crainte
	le bien-être, *l'*hospitalité, *la* gaieté, *le* confort, etc.

on peut y sentir	*un* grand bien-être, *une* aimable hospitalité, *un* grand confort, etc.

Exercices de style

1. *Comment remplacer les mots* bruit *et* odeur *par un terme plus descriptif.* Choisir dans les expressions suivantes le mot qui convient.

aboiement	craquement	tic-tac
arôme	fumet	tintamarre
brouhaha	miaulement	tintement
chant	parfum	vacarme

  a. le *bruit* de la pendule
  b. le *bruit* de la sonnette
  c. le *bruit* du plancher sur lequel on marche

19

    d. le *bruit* du chat
    e. le *bruit* du chien
    f. le *bruit* du canari
    g. un *bruit* (confus) de conversation
    h. le *bruit* des enfants qui jouent bruyamment
    i. le *bruit* (assourdissant) de la radio ou de la télévision
    j. l' *odeur* des roses
    k. l' *odeur* du café ou du tabac
    l. l' *odeur* d'une viande qui cuit

2. *Comment éviter la répétition banale de verbes tels que* est, il y a, se trouve, on voit, *etc.* Compléter les phrases ci-dessous en employant le verbe qui convient tiré de la liste suivante.

être accroché	flamber	pendre
brûler	grimper	pétiller
couler	jaillir	pousser
courir	jouer	ronronner
se dégager	mener	sommeiller
se dresser	s'ouvrir	

    a. Le long de la pelouse _____ une allée.
    b. Des fleurs _____ sur la pelouse.
    c. Devant la maison _____ de grands arbres.
    d. Des enfants _____ dans le salon.
    e. Dans le jardin _____ une fontaine.
    f. Un feu _____ dans la cheminée.
    g. Dans la cheminée _____ un grand feu.
    h. Un feu _____ dans la cheminée (bruit).
    i. Au mur _____ des tableaux.
    j. Un lustre _____ au plafond.
    k. De la cuisine _____ une bonne odeur (parfum, arôme).
    l. Du lierre _____ le long du mur.
    m. Sur le jardin _____ une grande baie vitrée.
    n. Une rivière _____ derrière la maison.
    o. Au châlet _____ un sentier.
    p. Un chat _____ près du feu.
    q. Le grand-père _____ dans son fauteuil.

3. *Comment remplacer la construction relative souvent trop lourde par l'adjectif propre.* Remplacer les propositions relatives par un adjectif.

    a. un jardin *où il y a de l'ombre*
    b. une pièce *où il y a du soleil*
    c. une cuisine *qui est très propre*

    d. un jardin *où l'on cultive des légumes*

    e. un jardin *où l'on fait pousser des fleurs*

    f. une maison *dont le charme attire*

    g. un meuble *qui est couvert de poussière*

    h. une rue *où il y a de la circulation*

    i. des gens *dont on aime la personnalité*

    j. une lumière *qui aveugle*

    k. une pelouse *dont on ne s'occupe pas*

    l. des cris *qui ne s'arrêtent jamais*

    m. une maison *qui tombe en ruines*

    n. une maison *qui n'a pas d'étages*

    o. un balcon *où il y a des fleurs*

    p. un quartier *où habitent des gens aisés*

Thème d'imitation

SUJET: Décrivez, en une page environ, une maison *que vous connaissez bien,* en essayant de communiquer une impression différente de celle du passage de Fromentin.

CONSEILS: Évitez l'accumulation banale et ennuyeuse de détails qui rappelleraient l'inventaire d'un musée ou d'une vente aux enchères. Contentez-vous de choisir avec soin *un petit nombre* de détails caractéristiques subordonnés à l'atmosphère que vous voulez évoquer.

CHAPITRE CINQ

Exercices

sur les adjectifs

LIRE: Appendice IV

Texte modèle

On quitte la grande[1] route à la Boissière et l'on continue à plat jusqu'au haut de la côte des Leux, d'où l'on découvre la vallée. La rivière qui la traverse en fait comme deux régions de physionomie distincte:[2] tout ce qui est à gauche est en herbage, tout ce qui est à droite est en labour. La prairie s'allonge sous un bourrelet de collines basses[3] pour se rattacher par derrière aux pâturages du pays de Bray, tandis que, du côté de l'est,[4] la plaine, montant doucement, va s'élargissant et étale à perte de vue ses blondes[5] pièces de blé. L'eau qui court au bord de l'herbe sépare d'une raie blanche[6] la couleur des prés et celle des sillons, et la campagne ainsi ressemble à un grand[7] manteau déplié[8] qui a un collet de velours[9] vert bordé d'un galon d'argent.

Au bout de l'horizon, lorsqu'on arrive, on a devant soi les chênes de la forêt d'Argueil, avec les escarpements de la côte de Saint-Jean, rayés du haut en bas par de longues[10] traînées rouges,[11] inégales;[12] ce sont les traces des pluies, et ces tons de brique, tranchant en filets minces[13] sur la couleur grise de la montagne, viennent de la quantité de sources ferrugineuses[14] qui coulent au-delà dans le pays d'alentour.

(Gustave Flaubert, *Madame Bovary*)

ANALYSE

1. grande	L'adjectif forme ici une unité avec le nom. L'adjectif et le nom évoquent une seule idée, valeur synthétique. Impossible ici de traduire par l'équivalent conventionnel de *grand*. Au lieu, il faudrait employer "*main road*" ou "*highway*".
2. distincte	Valeur analytique.
3. basses	Valeur analytique, sens propre.
4. de l'est	Complément déterminatif indique la situation. Notons ici l'emploi de l'article. "Est" est défini par l'évidence. C'est en effet de "l'est *du paysage dont on parle*." Comparer avec: *un vent d'est* qui indique l'espèce et la direction.
5. blondes	*Blonde*, adjectif de couleur, suit généralement le nom. Ici placé devant il prend une valeur synthétique; l'auteur présente cette qualité comme inhérente.
6. blanche	Adjectif de couleur. Position normale, valeur analytique.
7. grand	Emploi normal de l'adjectif (cf. 1).
8. déplié	Participe passé employé comme adjectif a toujours une valeur analytique et suit le nom. C'est un manteau "*qui est* déplié" ou plutôt que "*l'on aurait* déplié."
9. de velours	Complément déterminatif exprime la matière.
10. longues	Position normale de l'adjectif. Notons que cette position peut varier quand par exemple l'adjectif prend une valeur technique donc purement analytique: "une chaise *longue*" (*a deck chair*).
11. rouges	Un autre adjectif de couleur. Notez que de par sa position il modifie "longues traînées" et non pas seulement "traînées".
12. inégales	Egalement à valeur analytique ajoute une autre valeur aux "longues traînées rouges."
13. minces	Emploi normal de cet adjectif au sens propre.
14. ferrugineuses	Adjectif proprement technique, c'est-à-dire toujours analytique et donc suivant toujours le nom.

Exercices

1. *Adjectifs analytiques antéposés ou postposés* (cf. Appendice IV). Mettre les adjectifs à la place convenable.

    a. (dernier)
    C'était la _dernière_ semaine _____ de septembre.

La _____ semaine <u>dernière</u> j'ai visité la
Maison Blanche.

"alone" "just before"
"past"

b. (seul)
Une _____ femme <u>seule</u> ne s'aven-
turerait pas dans ce quartier.
C'était là le _<u>seul</u>_ château _____ qui
m'ait plu. "only"

c. (unique)
Ce voyage à Chartres était pour moi une _____
chance <u>unique</u>, inespérée. extraordinary
Mon <u>unique</u> espoir _____ allait enfin se
réaliser. one + only

d. (différent)
Nous avions déjà parcouru les Champs-Elysées mais à des
<u>différentes</u> heures ~~différentes~~ différents several
~~Différentes~~ rues ~~différentes~~ montaient vers la
cathédrale. specific

e. (même)
itself
Il était la _____ bonté <u>même</u>, la bonté
personnifiée.
Dans la galerie suivante, une <u>même</u> extase
_____ m'attendait. same

f. (certain)
sure, real,
Sa réussite est un _____ fait <u>certain</u>.
Le musée n'ouvre qu'à _<u>certaines</u>_ heures _____.
indefinite   several

g. (divers)
Le guide interrompit son discours à <u>divers</u> _____
reprises _____.
Au cours de sa visite il m'a tenu des _____ propos
<u>divers</u>. not the same,
different,

h. (ancien)
Les habitants du logis collectionnaient les _____
meubles <u>anciennes</u>. old, ancient
La <u>ancienne</u> demeure _____ des rois de
France se dressait devant moi. former?

i. (nouveau)
new-different new to us
Christophe Colomb découvrit par accident le <u>nouveau</u>
monde _____.
Aldous Huxley nous a présenté un ~~nou~~ monde
<u>nouveau</u> - brand new

24

EXERCICES

2. *Adjectifs à sens propre et sens figuré* (cf. Appendice IV). Mettre les adjectifs à la place convenable.

    a. (riche)

        Voilà une _____ idée _____!

        Quelle générosité pour un _____ homme _____!

    b. (modeste)

        C'est un _____ érudit _____.

        ... pour la _____ somme _____ de cinq dollars.

    c. (noble)

        Il était animé d'une _____ colère _____.

        Elle était issue d'une vieille _____ famille _____.

    d. (âpre)

        "La vérité, la _____ vérité _____!" (Stendhal)

        Ce fruit avait un _____ goût _____.

    e. (chaud)

        Un _____ accueil _____ l'attendait.

        Nous aurions préféré un _____ repas _____.

    f. (maigre)

        A cette époque, je touchais encore un _____ salaire _____.

        C'était une _____ femme _____, aux traits vieillis par la misère.

    g. (triste)

        Depuis la mort des siens, il menait une _____ vie _____.

        Il pensait à des _____ sujets _____ pour garder son sérieux.

    h. (vif)

        Son arrivée nous cause un _____ plaisir _____.

        Quel _____ enfant _____! Il ne s'arrête jamais de trotter.

    i. (sérieux)

        Il vous faudra fournir un _____ effort _____.

        Même aux scènes les plus comiques, il ne se départait jamais de son _____ air _____.

j. (bas)

Les _____ besognes _____ ne lui répugnaient point.

C'était l'heure de la _____ marée _____.

k. (profond)

"C'était pendant l'horreur d'une _____ nuit _____." (Racine).

Il préférait pêcher en _____ eau _____.

l. (rude)

Sa _____ voix _____ contrastait avec sa silhouette élégante.

Elle lui asséna un _____ coup _____ de parapluie sur la tête.

m. (fier)

Il doit une _____ chandelle _____ à ses amis.

Indépendant et indiscipliné, c'était une _____ âme _____.

n. (vert)

Son échec lui valut une _____ semonce _____.

Ce jour-là il arborait une _____cravate _____.

o. (sale)

Dans sa jeunesse, il avait trempé dans une _____ affaire _____.

Ne touche pas ton pain avec tes _____ mains _____.

p. (pur)

Le _____ air _____ de nos montagnes aura tôt fait de vous raviver.

Il a agi par _____ méchanceté _____.

q. (pauvre)

Ce _____ diable _____ faisait vraiment peine à voir.

Un _____ étudiant _____ doit travailler pour financer ses études.

r. (ténébreux)

Balzac a écrit "Une _____ affaire _____".

Les spéléologues ont exploré une _____ grotte _____.

3. *Adjectifs synthétiques ou analytiques* (cf. Appendice IV). Mettre les adjectifs à la place convenable.

a.	(gai)	un luron	une histoire
b.	(menu)	une fillette	de la monnaie
c.	(fin)	des jambes	un diplomate
d.	(profond)	un chagrin	un lac
e.	(rude)	une étoffe	une épreuve
f.	(légitime)	un fils	une défense
g.	(sage)	des conseils	une fille
h.	(fort)	un café	une tête
i.	(sanglant)	un combat	un visage
j.	(pesant)	un sac	un fardeau
k.	(vague)	un soupçon	une lumière
l.	(amer)	une potion	une déception
m.	(fou)	un roi	une passion
n.	(lâche)	une calomnie	une corde
o.	(doux)	un vin	une euphorie

4. *Nom modifié par plusieurs adjectifs* (cf. Appendice IV). Mettre les adjectifs à la place convenable.

a.	(petit; sympathique)	un café
b.	(petit; bon)	un restaurant
c.	(bucolique; long)	un poème
d.	(rouge; pointu)	un toit
e.	(clair; bien présenté)	une thèse
f.	(paresseux; intelligent)	un élève
g.	(épuisant; long)	un voyage
h.	(seul; éclairé)	la fenêtre
i.	(étroit; boueux)	un chemin
j.	(vitré; grand)	une baie
k.	(français, premier)	le philosophe
l.	(incessant; fin)	une pluie
m.	(ombragé; fleuri)	une tonnelle
n.	(seul; délaissé)	une femme
o.	(ancien; solide)	un bâtiment
p.	(ridé; grimaçant)	un visage
q.	(passant; petit)	une rue
r.	(pauvre; jeune; généreux)	un homme
s.	(timide; serviable; brave)	un garçon
t.	(blanc; sec; petit; bon)	un vin

5. *Compléments déterminatifs et compléments d'adjectif* (cf. Appendice IV).
   Mettre les mots entre parenthèses à la place convenable.

a. (de 100 mètres; haut)	une tour
b. (ancien; de mon père)	un ami
c. (à croquer; belle)	une fille
d. (au lait; bon)	un chocolat
e. (en maths; bon)	un élève
f. (pur; joli; d'or)	un bracelet
g. (massif; en chêne)	un bahut
h. (écrémé; au lait)	un café
i. (à rien; bon)	un étudiant
j. (de maths; bon)	un élève
k. (de joie; ivre)	une fille
l. (de son père; digne)	le fils
m. (resplendissant; de lumière)	une salle
n. (que celle envisagée; autre)	une solution
o. (digne; de son père)	un fils
p. (éblouissant; de lumière)	un rayon
q. (gauche; de main)	une poignée
r. (de miel; doux)	une lune
s. (de peur; vert)	un visage
t. (de la mort; violent)	une peur

6. *Adjectifs et compléments déterminatifs.* Mettre les adjectifs et les compléments déterminatifs entre parenthèses à la place appropriée en faisant les accords qui conviennent et en ajoutant les prépositions aux compléments déterminatifs.

Les forêts ont été les temples[1] (premier, Divinité), et les hommes ont pris dans les forêts l'idée[2] (premier, architecture). Cet art a donc dû varier selon les climats. Les Grecs ont tourné la colonne[3] (élégant, corinthien) avec son chapiteau[4] (feuille) sur le modèle[5] (palmier). Les piliers[6] (énorme) du style[7] (vieux, égyptien) représentent le sycomore, le figuier[8] (oriental), et la plupart des arbres[9] (gigantesque, Afrique, Asie). Les forêts[10] (Gaules) ont passé à leur tour dans les temples de nos pères, et nos bois[11] (chênes) ont ainsi maintenu leur origine[12] (sacré). Ces voûtes[13] (ciselé, en feuillages), ces jambages qui appuient les murs et finissent brusquement comme des troncs[14] (brisé), la fraîcheur[15] (voûtes), les ténèbres[16] (sanctuaire), les ailes[17] (obscur), les passages[18] (secret), les portes[19] (abaissé), tout retrace les labyrinthes[20] (bois) dans l'église[21] (gothique); tout en fait sentir l'horreur[22] (religieux), les mystères et la divinité. Les tours[23] (hautain, deux, planté) à l'entrée de l'édifice, surmontent les ormes et les ifs[24] (cimetière), et font un effet[25] (pittoresque) sur l'azur[26] (ciel).

(CHATEAUBRIAND, *Le Génie du christianisme*)

La Description:
Le Monument

Etude de verbes

Réviser les verbes suivants à tous les temps de l'indicatif, du subjonctif et du conditionnel:

s'allonger, s'élever, connaître, apparaître, savoir, se perdre, atteindre, sourire

Texte modèle

J'ai visité *le* Mont Saint-Michel que je ne connaissais pas. Quelle vision quand on arrive comme moi à Avranches, vers *la* fin du jour. Je poussai *un* cri d'étonnement: une baie démesurée s'étendait devant moi, à perte de vue, entre deux côtés écartées se perdant au loin dans *les* brumes; et au milieu de cette immense baie jaune, sous *un* ciel d'or et de clarté, s'élevait, sombre et pointu, un mont étrange au milieu des sables. Dès l'aurore, j'allai vers lui. *La* mer était basse comme la veille au soir et je regardais se dresser devant moi, à mesure que j'approchais d'elle, la surprenante abbaye. Après plusieurs heures de marche, j'atteignis l'énorme bloc de pierre qui porte la petite cité dominée par la grande église. Ayant gravi la rue étroite et rapide, j'entrai dans la plus admirable

29

demeure gothique construite par Dieu sur la terre, vaste comme une ville, pleine de salles basses écrasées sous des voûtes et de hautes galeries que soutiennent de frêles colonnes.

(GUY DE MAUPASSANT, *Clair de lune*)

EXERCICES

1. Justifier les temps des verbes de ce passage.
2. Justifier l'emploi des articles en italiques.
3. Donner les synonymes dans le contexte de: poussai, démesurée, au milieu de, s'élevait, étrange, ayant gravi, rapide.
4. Citer un verbe de la famille de: loin, sombre, basse. Employer chacun d'eux dans une courte phrase et donner l'antonyme de chacun des verbes trouvés.
5. a. Donner un nom de la famille de: rapide, étrange, dominée, visiter, connaître, arriver.

   b. Donner un adjectif de la famille de: vision, mer, cité, terre.

   c. Donner un adverbe de la famille de: immense, étonnant.

   Employer les mots que vous aurez trouvés dans de courtes phrases.
6. Quelles impressions l'auteur veut-il communiquer? Illustrer votre réponse à l'aide d'exemples.

Exercices d'expansion

1. Remplacer la proposition relative par un complément déterminatif introduit par la préposition *à*, *de*, ou *en* (cf. Appendice IV).

   Modèles: un ciel *qui a la couleur de l'or.*
   un ciel <u>d</u>'or.

   un tombeau *qui est fait avec du marbre.*
   un tombeau <u>en</u> marbre.

   a. un artiste *qui a du talent.*
   un artiste ____ talent.

   b. une œuvre *qui témoigne du goût de son auteur.*
   une œuvre ____ goût.

   c. une façade *qui comprend des colonnes.*
   une façade ____ colonnes.

   d. une fresque *qui comprend quatre tableaux.*
   une fresque ____ quatre tableaux.

   e. une madone *dont le visage est angélique.*
   une madone ____ visage angélique.

30

    f. un cri *qui exprime l'étonnement.*
       un cri _____ étonnement.

    g. une salle *qui sert aux expositions.*
       une salle _____ expositions.

    h. une église *dont le clocher est pointu.*
       une église _____ clocher pointu.

    i. la colonne *qui se trouve à droite.*
       la colonne _____ droite.

    j. une statue *qui est faite avec de l'albâtre.*
       une statue _____ albâtre.

    k. une peinture *dont le cadre est doré.*
       une peinture _____ cadre doré.

    l. une œuvre *qui est universellement appréciée.*
       un chef _____ œuvre.

    m. une chaise *qui a un dossier de bois.*
       une chaise _____ dossier de bois.

    n. une œuvre *qui se distingue par sa beauté.*
       une œuvre _____ art.

    o. un édifice *dont l'architecture rappelle le style italien.*
       un édifice _____ italienne.

2. Dans les phrases ci-dessous, remplacer le passé antérieur par une proposition infinitive, puis par une proposition nominale d'après le modèle suivant (cf. Appendice II).

   Modèle: après que j'eus marché plusieurs heures
          après avoir marché plusieurs heures
          après plusieurs heures de marche

    a. après que j'eus voyagé une nuit
       après _____

    b. après qu'il eut étudié deux ans
       après _____

    c. après que nous eûmes lu deux heures
       après _____

    d. après que j'eus attendu quelques minutes
       après _____

    e. après qu'ils eurent passé une journée en classe
       après _____

    f. après que je me fus absenté une semaine
       après _____

    g. après qu'il eut volé une heure
       après _____

h. après que j'eus dormi huit heures

après _____

i. après qu'il eut été emprisonné dix ans

après _____

j. après qu'elle eut fait des efforts pendant quatre ans

après _____

3. Donner les diminutifs de: colonne, tour, statue, clocher, cloche, jardin, fille, garçon, chemise, maison.

4. Employer avec chaque nom de la colonne No. 1 l'adjectif de la colonne No. 2 qui convient. Faire l'accord s'il y a lieu.

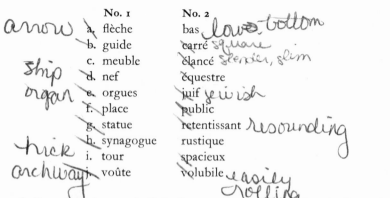

	No. 1	No. 2
arrow	a. flèche	bas *low, bottom*
	b. guide	carré *square*
ship	c. meuble	élancé *slender, slim*
organ	d. nef	équestre
	e. orgues	juif *jewish*
	f. place	public
	g. statue	retentissant *resounding*
trick	h. synagogue	rustique
archway	i. tour	spacieux
	j. voûte	volubile *easily rolling*

5. Remplacer le superlatif absolu par un adjectif plus descriptif tiré de la liste suivante.

abrupt   fragile   saisissant
éclatant   immense   spacieux
énorme   radieux   vaste
épais   ravissant

a. un *très gros* bloc de pierre *énorme*
b. une baie *très étendue* *immense*
c. un édifice *très frêle* *fragile*
d. un rocher *très escarpé* *abrupt*
e. un brouillard *très dense* *épais*
f. un spectacle *très émouvant* *éclatant*
g. une *très grande* lumière *radieux*
h. une *très grande* beauté *ravissant*
i. une *très grande* clarté
j. une *très grande* salle *vaste*
spacieux

Plan et vocabulaire: *Description d'un monument*

I. LA SITUATION

le monument (l'édifice):

s'élève	sur une hauteur, sur une place
se dresse	au sommet d'une colline
	au milieu, au centre d'un parc, d'une place
	au bord du fleuve, du Mississippi, de la Seine, etc.
	au fond d'une vallée
apparaît soudain	au tournant de la route
surgit	à l'horizon
domine	la ville, la plaine

II. L'EXTÉRIEUR

on s'approche *de*⎱ on se dirige *vers*⎰	l'église, la cathédrale, le temple la synagogue, l'arche, le musée le mausolée, le tombeau (du soldat inconnu) le monument (commémoratif, élevé à la mémoire de, aux morts), le Palais de Justice, l'Hôtel de Ville
on aperçoit	l'édifice (en général) la cathédrale (romane, gothique, baroque, moderne, flanquée d'un réseau d'arcs-boutants)
on distingue	la façade (sculptée, unie, sobre, immense, imposante, sévère, sombre) la tour (ronde, carrée, pointue, crénelée) les fenêtres (en ogives, hautes, larges, étroites) les colonnes (élancées, frêles, massives, de [en] marbre, d'albâtre, de [en] granit) le portique (surmonté d'un fronton sculpté) le dôme (roman, byzantin) les marches (qui mènent au portail) le portail (de fer, en chêne, massif, voûté, gothique, roman) le parvis la flèche (élancée, sculptée, ciselée) la rosace (dentelée) le clocher (pointu, carré)

rosace

belfry

33

III. L'INTÉRIEUR

on passe *sous*	le porche, le portique
on franchit	le portail
on pénètre *dans*	l'édifice *churchcandle*
on sent	une odeur de cierge, d'encens
on entend	la musique des orgues, le chant des chœurs
	le bruit sonore des pas sur les dalles
	le chuchotement *whisper* (respectueux) des visiteurs (église, mausolée)
	les commentaires (animées, monotones) du guide, les remarques (enthousiastes, niaises, saugrenues) des visiteurs
	un murmure d'admiration
	une fanfare militaire, le martellement des bottes de la garde d'honneur (cérémonie commémorative), le cliquetis des armes *Clanking*

on remarque:	
dans l'église	les colonnes, les piliers (élancés, massifs)
archway	la voûte (romane, gothique, ornée de fresques, ornée de mosaïque, grandiose, majestueuse)
	la nef (immense), l'autel, le chœur, les vitraux (multicolores, lumineux, éblouissants)
	les statues (de saints)
	la rosace
dans le musée dans l'édifice public	les vastes salles (d'exposition), les galeries de tableaux, de sculptures
	les murs (ornés de tableaux, de fresques) nus
	les boiseries (sculptées), les parquets (cirés, etc.)
	l'escalier (monumental, de pierre, de marbre, etc.)
	les antichambres, les corridors
	les guides, le gardien (du musée) en uniforme
	le tombeau (de marbre, de porphyre)

IV. L'ATMOSPHÈRE

on ressent	une impression de grandeur, de majesté, de solennité
on éprouve	de l'admiration, de la mélancolie, de la tristesse, un sentiment d'exaltation, de patriotisme, de fierté
on est rempli *de*	humilité, émotion, admiration, fierté
on est frappé *de*	étonnement, surprise

34

on est saisi *de*	admiration
il se dégage	une atmosphère (de grandeur, de majesté, de force, d'équilibre, de sérénité, de paix, d'immensité, d'éternité)
on est pénétré *de*	le sentiment de sa propre insignifiance

Exercices de style

1. Remplacer la proposition relative par l'adjectif qui convient. Faire l'accord s'il y a lieu.

archaïque   moderne   suggestif
banal   monotone   superflu
brillant   retentissant   terne
éphémère

a. une élégance *qui rappelle l'antiquité*
b. meubler avec un goût *qui convient à notre époque*
c. une peinture *qui manque d'éclat*
d. une musique *qui manque de variété*
e. un spectacle *qui manque d'originalité*
f. des ornements *qui sont de trop*
g. une musique *qui fait beaucoup de bruit*
h. un tableau *qui éveille beaucoup d'idées*
i. un sentiment *qui est de courte durée*
j. une couleur *qui a beaucoup d'éclat*

2. Remplacer les expressions en italiques par le participe passé qui convient. Faire l'accord s'il y a lieu.

accroché   étendu   noyé
agenouillé   exposé   percé
élevé   fixé   planté [2 fois]
encadré   incrusté   tourné
entassé   niché

a. un portrait *qui est dans une bordure* d'or
b. un clou *qui est dans* le mur
c. une mosaïque *qui est dans* le mur
d. un tapis *qui est sur* le plancher
e. une porte *qui est dans* la muraille
f. un édifice *qui est près de* la forêt
g. une église *qui est dans* le brouillard
h. de nombreux visiteurs *qui sont dans* la salle

35

i. une façade *qui est* au soleil
j. une façade *qui est* vers le midi ~south~
k. une statuette *qui est* dans un mur
l. un chandelier *qui est* au plafond
m. un tableau *qui est* au mur
n. une personne *qui est* à genoux
o. un soldat *qui est* devant sa guérite

3. Remplacer les expressions en italiques par les verbes ci-dessous à la forme convenable.

~défend~   défendre   entourer ~surround~   relier ~bind, link~
           dominer   garder ~guard, keep~   revêtir ~panel, line~
~to light, enlighten~ éclairer   garnir ~adorn, furnish~   supporter
~to frame~ encadrer   orner ~adorn, furnish~   surmonter ~surmount, come to top~

a. Des boiseries *se trouvent sur* les murs. ~revêtent~
b. De beaux meubles *se trouvent dans* cette antichambre. ~garnissent~
c. Une statue *se trouve sur* la colonne. ~garde~
d. Des tableaux *se trouvent dans* cette église. ~ornent~
e. Une haie *se trouve autour* du tombeau. ~encadre~
f. Une galerie *se trouve entre* les deux nefs. ~relie~
g. Des remparts *se trouvent autour* du château. ~entourent~
h. Un pilier *se trouve sous* cette voûte. ~supporte~
i. Deux fenêtres *se trouvent dans* cette salle. ~éclairent~
j. Une statue de St. Michel *se trouve à* l'entrée. ~garde / domine~
k. Deux lions de pierre *se trouvent à* l'entrée. ~gardent / défend~
l. La flèche *se trouve au-dessus des* toits. ~surmonte~

4. Remplacer les verbes *est*, *il y a* et *se trouve* par un verbe plus descriptif.

~stretch~ s'allonger   flotter ~wave~   reposer ~lie, rest~
          brûler   s'ouvrir   sourire
          s'épanouir ~bloom~   pointer

a. Dans le ciel *est* la flèche de la cathédrale. ~pointe~
b. Sur cette masse de béton *se trouve* la base de l'édifice. ~repose~
c. Sous l'Arc de Triomphe *est* la flamme symbolique. ~brûle~
d. Au faîte du Palais de Justice *il y a* un drapeau. ~flotte~
e. Au-dessus de l'autel *se trouve* la Vierge. ~sourit~
f. Dans le mur *est* une porte. ~s'ouvre~
g. De chaque côté de la nef *il y a* une file de stalles. ~s'allonge~
h. Sur la façade *est* une rosace. ~s'épanouit~

36

5. Employer le verbe de perception qui convient.

apercevoir *(to notice)*	éclater	résonner *(resound, echo)*	
carillonner *(to chime)*	s'élever	retentir *(resound)*	
contempler *(to contemplate)*	examiner	sonner *(sound, ring)*	
distinguer	regarder	tinter *(jingle, clink)*	

a.

(1) Un pas *retentit (résonne)*.

(2) Une fanfare *éclate*.

(3) Un écho *résonne (retentit)*.

(4) Des cris *éclatent*.

(5) Un murmure *s'élève*.

(6) Une clochette *tinte*.

(7) Les cloches *carillonnent*.

(8) Le clairon *sonne*.

b.

(1) On *regarde* un tableau. *(contemple)*

(2) On *contemple* un spectacle. *(regarde)*

(3) On *sonne* le clocher de l'église. *(aperçois)*

(4) On *examine* un tableau en détail.

(5) On *aperçois* la tour au lointain. *(distingue)*

Thème d'imitation

Racontez une visite à un monument historique (cf. Chapitre quatre : Thème d'imitation, *conseils*).

CHAPITRE SEPT

Exercices

sur les prépositions

LIRE: *Appendice V*

Texte modèle

Imaginez-vous pour[1] un moment, chers lecteurs, que vous êtes assis
devant[2] un pot de[3] vin tout parfumé, et que c'est un vieux joueur de[4]
fifre qui vous parle.

Notre pays, mon bon monsieur, n'a pas toujours été un endroit mort
et sans renom, comme il est aujourd'hui. Autre temps, il s'y faisait un
grand commerce de meunerie, et, dix lieues à la ronde, les gens des[5]
mas nous apportaient leur blé à[6] moudre . . . Tout autour du village, les
collines étaient couvertes de[7] moulins à vent. De[8] droite et de gauche,
on ne voyait que des ailes qui viraient au[9] mistral par-dessus les pins,
des ribambelles de[10] petits ânes chargés de sacs montant et dévalant le
long des[11] chemins; et toute la semaine c'était plaisir d'entendre[12] sur
la hauteur le bruit des fouets, le craquement de la toile et le *Dia hue!* des
aides-meuniers . . . Le dimanche, nous allions aux[13] moulins, par[14]
bandes. Là-haut, les meunières étaient belles comme des reines, avec
leurs fichus de[15] dentelles et leurs croix d'or.

(ALPHONSE DAUDET, *Lettres de mon moulin*)

ANALYSE

1. pour	Exprime le temps, la durée future.
2. devant	Exprime le lieu, la position précise.

3. de   Le contenu (sous-entendu: *rempli de vin*). Forme avec le nom un complément déterminatif.

4. de   Forme un complément déterminatif indiquant l'espèce.

5. des   Exprime le lieu: l'origine.

6. à   Forme une proposition infinitive indiquant le but, l'intention. (Ils apportaient leur blé pour qu'on le moule.) *A* + l'infinitif peut exprimer aussi la nécessité, l'obligation: Il a un devoir *à faire*.

7. de   Exprime ici la matière dont sont couvertes les collines.

8. De   Exprime le lieu: l'origine. Aspect inchoatif.

9. au   Exprime le lieu: la situation (cf. au soleil, au vent).

10. de   Exprime la composition totale.

11. le long de   Exprime le lieu: la direction.

12. d'   Avec un verbe impersonnel *de* introduit un infinitif, sujet réel du verbe. Nous avons ici une forme de la mise en relief de l'infinitif (cf. Appendice X: La Mise en relief). La phrase normale serait: entendre était un plaisir.

13. au   La préposition *à* employée avec un verbe de mouvement exprime ici la direction.

14. par   Exprime la distribution (cf. Appendice V: L'Emploi des prépositions, IX).

15. de   Exprime la matière. Ici pourrait être remplacée par *en*.

Exercices

1. *Temps, date, heure, durée, succession* (cf. Appendice V: L'Emploi des prépositions I, II, IV, V, VI, VII, VIII, IX, XI). Compléter chaque phrase, s'il y a lieu, au moyen de la préposition ou de la locution prépositive convenable. Suppléer les articles et faire les contractions nécessaires.

   a. Je ne sais pas exactement la date de son arrivée. Toutefois il me semble qu'il devrait être ici _____ 30 septembre.

   b. Balzac a vécu _____ 19ᵉ siècle.

   c. Je suis né _____ 1934.

   d. Je puis vous dire sans trop de précision qu'il est mort il y a _____ un an.

   e. Nous devons rester _____ 2 mois à Paris.

   f. Il vient aux Etats-Unis _____ un an, mais il est probable qu'il y restera plus longtemps.

   g. _____ combien de temps avez-vous étudié le français?

   h. _____ quand êtes-vous à l'Université?

i. Il m'a promis de commencer le travail _____ deux jours. Mais qui sait quand il l'aura terminé?

j. Ce roman est assez court, on peut aisément le lire _____ deux heures.

k. N'oubliez pas notre rendez-vous. Et surtout soyez là _à_ huit heures précises.

l. Il ne mène pas une vie des plus agréables: il travaille _la_ nuit.
"toute la nuit"
"pendant la nuit"

m. _____ le premier jour, je l'ai jugé tel.

n. _____ demain et jusqu'à nouvel ordre, ne le quittez pas d'une semelle.

o. L'année scolaire se termine _____ mois de mai et les cours d'été commencent _____ juin.

p. Quand il était jeune, il se levait de bonne heure _____ matin.

q. En France les élèves ont congé _le_ jeudi.

r. Au téléphone, elle jacasse toujours _____ des heures.

s. Ce roman vous captivera _____ début _____ la fin.

t. Le lièvre est arrivé au but _____ la tortue.

2. *Lieu, provenance, domicile, succession, destination* (cf. Appendice V: L'Emploi des prépositions I, III, IV, V, VI, VII, VIII, IX, X, XI, XII, XIII). Compléter chaque phrase au moyen de la préposition convenable.

a. Ils marchaient à la file indienne, c'est-à-dire l'un _après_ l'autre.

b. On plaça le condamné _____ le mur et on lui banda les yeux.

c. Ouvrez les yeux et vous verrez _____ vous plus de misère que de vices.

d. Le sentier serpente _____ la rivière.

e. Malgré ses aspirations pacifistes, ce pays est _____ guerre depuis 30 ans.

f. Il vaut mieux aller _chez_ le boulanger que _chez_ le médecin.

g. Si vous êtes au régime, évitez de passer _____ les charcuteries.

h. _____ qui sont ces serpents qui sifflent sur nos têtes?

i. ~~Environ~~ quelle distance _de_ l'école habitez-vous?

j. La bière _d'_ Allemagne est très appréciée.

k. Avez-vous assisté au carnaval _____ Nouvelle-Orléans?

l. Le prisonnier est ~~mis en~~ prison _dans_ sa cellule.

m. On ne doit pas boire le vin _____ la bouteille mais _____ un verre.

for
2/24/80

en prison—
idiomatic
expression
for in prison

40

n. Quand on le met _____ la porte, il rentre _____ la fenêtre.

o. Si vous aimez la pêche, allez donc __*au*__ Canada.

p. B. Crosby et B. Hope sont les acteurs du film: "La route _____ Rio".

q. _____ plafond pendait un lustre splendide.

r. Asseyez-vous donc _____ mes côtés, je ne vous mangerai pas!

s. Elle voyage _____ avion mais expédie toujours ses bagages _____ bateau.

t. Elle vient __*au*__ Mexique et lui __*d'*__ Espagne, et ils se sont rencontrés __*au*__ Texas.

u. Si vous avez trop chaud, mettez-vous _____ ombre.

v. La caravane avançait _____ un soleil de plomb.

w. Ne restez pas __*sous*__ la pluie, vous pourriez attraper un rhume.

x. _____ mur étaient accrochées de magnifiques reproductions.

y. Quand on marche, il faut regarder _____ soi.

z. Ne mets pas tes doigts _____ ta bouche.

aa. Il se promenait la pipe _____ la bouche.

bb. Qu'est-ce que tu tiens _____ ta main?

cc. Il fit irruption _____ la banque, un pistolet _____ la main.

dd. Il arborait constamment un sourire sarcastique _____ lèvres.

3. *Quantité, dimension, prix, distribution, contenu, différence numérique* (cf. Appendice V: L'Emploi des prépositions I, VI, X). Compléter chaque phrase au moyen de la préposition convenable.

a. Je ne saurais être très précis, mais si je ne me trompe, sa thèse avait _____ 100 pages.

b. Elle a bien dix ans _____ plus que son mari.

c. Peut-on prendre un guide _____ la journée?

d. C'était une piscine de 30 mètres _____ 15.

e. Les œufs se vendent le plus souvent _____ la douzaine.

f. Il était trop jeune _____ deux mois. Aussi a-t-il dû attendre l'année suivante pour commencer ses études.

g. On peut trouver du homard _____ un dollar pièce, mais il est généralement plus cher.

h. Les soldats défilaient quatre _____ quatre.

i. Sur une table française on peut voir la bouteille _____ vin pour le palais et _____ Vichy pour le foie.

  j. Pour compter les vaches dans un pré, on compte d'abord les pattes et puis on divise _____ quatre.

  k. J'ai entendu cet air plus _____ cent fois.

  l. Il rédigea sa composition en moins _____ trois heures.

4. *Ressemblance, imitation, comparaison, rapport, différence, opposition, échange* (cf. Appendice V: L'Emploi des prépositions II, III, V, VI, VII, VIII). Compléter chaque phrase au moyen de la préposition convenable.

  a. Au physique elle ressemble ~~de à~~ à sa mère, mais au moral elle tient _de_ son père.

  b. Compléter les phrases suivantes _d'après_ le modèle ci-dessous.

  c. Prenez des pastilles Valda _____ la toux et des pilules Carter _____ le foie.

  d. Il faut lutter _contre_ ses mauvaises inclinations.

  e. Ne soyez pas fâchés _____ moi, je ne l'ai pas fait exprès.

  f. Réglez votre pas _____ le mien.

  g. Je n'aime pas qu'on me compare _____ un âne.

  h. On peut aisément lui faire prendre des vessies _____ des lanternes.

  i. Excusez-moi, je vous avais pris _pour_ quelqu'un d'autre.

  j. Il porte une moustache _à la_ Clark Gable.

5. *Thème, sujet* (cf. Appendice V: L'Emploi des prépositions I, XI). Compléter chaque phrase au moyen de la préposition convenable.

  a. _De_ quoi s'agit-il? *It is a question of* . . .

  b. Brillat-Savarin écrivit un traité _____ la physiologie du goût.

  c. Connaissez-vous "le Discours _____ la Méthode" de Descartes?

  d. Voltaire a écrit un "traité _____ la tolérance".

  e. J'aimerais vous consulter _à l'égard de_ cette affaire. *sur, au sujet de*

  f. Depuis son départ, nous ne savons rien _à_ son sujet.

  g. Art Buchwald écrit de nombreux articles _____ l'Europe.

  h. Avez-vous suivi son cours _de_ littérature?

  i. Puis-je vous emprunter votre manuel _de_ français?

  j. Que savez-vous _à l'égard de_ cette affaire? *à, au sujet de*

6. *Cause, motif* (cf. Appendice V: Emploi des prépositions VI, VII, IX, X, XII, XIV). Compléter chaque phrase au moyen de la préposition convenable.

  a. C'est _____ forgeant qu'on devient forgeron.

  b. Cet élève a été renvoyé _____ insubordination et insolence.

  c. Il a été récompensé _____ ses efforts.

  d. Je vous remercie _____ vos bontés.

42

    e. Il a été malade _____ avoir trop mangé.

    f. Elle était verte _____ jalousie.

    g. Il en frémissait _____ colère.

    h. Elle s'est sacrifiée _____ amour pour lui.

    i. La situation était si comique qu'elle en pleurait _____ rire.

    j. _____ quel but êtes-vous venu me voir? _____ quel motif?

7. *Manière, instrument, moyen, accompagnement* (cf. Appendice V : L'Emploi des prépositions VI, IX, XIV). Compléter chaque phrase au moyen de la préposition convenable.

    a. Ce n'est pas _de_ cette façon que vous y arriverez.

    b. Il lança la grenade _____ une main sûre.

    c. Pour pouvoir travailler _____ paix, il s'enfermait dans sa chambre.

    d. Elle arrivait toujours à ses fins _en_ pleurant. *she always got her way by crying*

    e. Le fervent de base-ball écoutait son transistor _____ une oreille attentive.

    f. Le pèlerin priait _____ ferveur devant la grotte.

    g. Les membres du jury contemplaient la candidate _____ un œil approbateur.

    h. Elle aurait préféré voyager _avec_ son mari, mais il n'y avait plus de place dans l'avion.

    i. Dès que la cloche eut sonné, les élèves descendirent l'escalier quatre _de à_ quatre.

    j. En France on se chauffe le plus souvent _____ mazout.

8. *Détail caractéristique, matière, relation morale, fond* (cf. Appendice V : L'Emploi des prépositions, IX, X, XIII, XIV). Compléter chaque phrase au moyen de la préposition convenable. *in-wearing*

    a. J'en suis persuadé car je l'ai lu noir _____ blanc.

    b. Avez-vous lu "La Dame _____ Camélias"?

    c. C'était un homme _aux_ cheveux grisonnants et _à_ l'air distingué. *greyhair*

    d. Connaissez-vous le film : "Les Hommes _____ blanc"?

    e. Un des personnages de Zola s'appelle Gueule _____ or parce qu'il a des dents _____ or.

    f. Sa devise était: une main _de_ fer dans un gant _de_ velours. *motto*

    g. Il faut se montrer respectueux _____ ses supérieurs.

    h. C'était un enfant _____ l'air effacé et l'œil sournois.

    i. Il est sévère _____ ses enfants.

    j. Commandez-moi une omelette _avec_ champignons. _de_

9. *Changement, transfo. .tion, division* (cf. Appendice V: L'Emploi des prépositions IX). Co. .léter chaque phrase au moyen de la préposition conv .ble.

    a. Le gra. capitaine eut tôt fait de changer la défaite _____ victoire

    b. Les bie. .lu défunt furent partagés _____ trois parties.

    c. La femme de Loth fut changée _____ statue de sel.

    d. Cette histoire se termine _____ queue de poisson.

    e. L'immeuble d'en face est divisé _____ quatre appartements.

    f. Pour ce bal costumé, je me déguiserai _____ cowboy.

10. *Verbes* (cf. Appendice V: tous les paragraphes intitulés "Verbes"). Compléter, si besoin est, les phrases ci-dessous à l'aide de prépositions.

    a. Le maître surveille _____ ses élèves.

    b. Ne vous occupez pas _de_ moi.

    c. Nous sommes surpris _de_ son échec.

    d. Ce n'est pas joli de montrer _____ les gens du doigt.

    e. Ne tirez pas _____ le pianiste.

    f. Il vaut mieux rire _de_ sa bêtise que de s'en formaliser.

    g. Excusez-le _____ son retard.

    h. Nous vous remercions _de_ votre hospitalité.

    i. Je vous réponds _de_ lui comme _de_ moi.

    j. Il a été puni pour avoir pris de l'argent _____ ses parents.

    k. Il ne peut s'empêcher _de_ juger son prochain.

    l. Il croit _en_ Dieu et _à_ la vie éternelle.

    m. Il faudra d'abord examiner _____ la question.

    n. Ne vous fiez pas _à_ lui.

    o. Elle se plaît _à_ taquiner son frère.

    p. Ce garçon manque _d'_ assurance.

    q. Elle a enfin réussi _à_ se faire épouser.

    r. Nous nous réjouissons _de_ votre succès.

    s. Je n'approuve pas _____ sa conduite.

    t. Elle est toujours à rêver _au_ Prince charmant.

    u. Mets _____ ton pardessus avant de sortir.

    v. Ayez pitié _____ nous, pauvres humains.

    w. Il nous faudra traverser _____ la forêt.

    x. On l'a accusé _de_ meurtre.

    y. Si vous faites cela, vous aurez affaire _à_ moi.

    z. On a confié _____ ce soldat _____ une mission périlleuse.

    aa. Il a été victime _____ un accident.

    bb. Un déjeuner français commence _par_ des hors-d'œuvre et se termine _par_ un dessert.

    cc. Il lui faudra s'occuper _de_ cette affaire.

    dd. Nous devrons faire face _à_ l'adversité.

to cope w/

CHAPITRE HUIT

La Description:

La Nature

Etude de verbes

Réviser les verbes suivants à tous les temps de l'indicatif, du subjonctif et du conditionnel:

dire, venir, (s')appeler; marteler, (se) faire, (se) lever, lancer, jeter; déchiqueter, effrayer, flamboyer

Texte modèle

Je voudrais essayer *de* dire maintenant l'impression que la mer m'a causée, *lors de* notre première entrevue . . .

J'étais arrivé le soir, *avec* mes parents, *dans* un village de la côte, dans une maison de pêcheurs louée *pour* la saison des bains. Je savais que nous étions venus là *pour* une chose qui s'appelait la mer, mais je ne l'avais pas encore vue (une ligne de dunes me la cachait, *à cause de* ma très petite taille) et j'étais dans une extrême impatience de la connaître. *Après* le dîner donc, à la tombée de la nuit, je m'échappai seul dehors. L'air vif et âpre sentait je ne sais quoi d'inconnu, et un bruit singulier, à la fois faible et immense, se faisait *derrière* les petites montagnes de sable auxquelles un sentier conduisait.

Tout m'effrayait, ce bout de sentier inconnu, ce crépuscule tombant d'un ciel couvert, et aussi la solitude de ce coin de village.

(PIERRE LOTI, *Le Roman d'un enfant*)

45

EXERCICES

1. Justifier l'emploi des différents temps du passé.
2. Analyser les prépositions en italiques.
3. Quand emploie-t-on *savoir* et quand emploie-t-on *connaître*? Illustrer à l'aide de courtes phrases.
4. Donner des synonymes, dans le contexte, de: lors de, la tombée de la nuit, singulier, une petite montagne de sable, sentier.
5. Donner trois mots de la famille de: impression, bain, vue et inconnue. Employer les mots que vous aurez trouvés dans de courtes phrases qui en illustreront le sens.
6. Quel est le ton de ce passage? De quelle manière l'auteur s'y prend-il pour donner ce ton?

Exercices d'expansion

1. Remplacer le superlatif absolu en italiques par un adjectif plus descriptif tiré de la liste suivante. (Consulter les dictionnaires.)

affreux	extrême	radieux
brûlant	glacial	torrentiel
charmant	grandiose	touffu
démonté	limpide	

Modèle: une *très grande* impatience
une <u>extrême</u> impatience

a. un spectacle *très imposant*
b. une forêt *très épaisse*
c. un paysage *très agréable*
d. un vent *très froid*
e. une eau *très claire*
f. un soleil *très chaud*
g. un soleil *très brillant*
h. une mer *très agitée*
i. une *très grande* tempête
j. une *très grande* pluie

2. Employer le collectif convenable. (Consulter les dictionnaires.)

banc	gerbe	pile
bouquet	ligne	rangée
chaîne	meule	tas
file	pâté	

46

EXERCICES D'EXPANSION

Modèle: une ligne de dunes

a. _____ de poissons
b. _____ de spectateurs
c. _____ de voitures
d. _____ d'assiettes
e. _____ de sable
f. _____ de fleurs
g. _____ de blé
h. _____ de foin
i. _____ de maisons
j. _____ de montagnes

3. Employer la préposition qui convient. Ajouter les articles s'il y a lieu et faire les contractions qui s'imposent. (Réviser Appendice V: L'Emploi des prépositions.)

a. L'avocat va _____ prison pour visiter son client qui est _____ prison, _____ sa cellule.

b. _____ qui allez-vous passer les vacances?

c. Nous sommes partis hier soir _____ St. Louis _____ Louisiane. Nous passerons _____ Arkansas et arriverons _____ Nouvelle-Orléans pour le carnaval. Nous pensons faire ce voyage _____ huit jours, car nous avons projeté de nous arrêter quelque temps _____ Bâton-Rouge, _____ des amis que nous n'avons pas vus _____ des années. _____ là, nous prendrons l'autocar _____ notre destination.

d. Etant donné que l'autocar fait ce trajet _____ une heure, nous devrions arriver _____ quelques minutes.

e. Il était parti _____ huit jours mais il y est resté _____ trois ans.

f. _____ combien de temps le "France" fait-il la traversée _____ Havre _____ New York?

g. _____ quand est ce devoir? _____ lundi.

h. Nous vous attendons _____ deux jours.

i. Né _____ le 2 mai 1799, Balzac a vécu _____ 19ème siècle; il est mort _____ Paris _____ 1850.

j. Avez-vous lu "la Fille _____ yeux d'or", _____ Balzac?

k. Damoclès avait une épée suspendue _____ sa tête.

l. Certains Français s'imaginent que les Américains mettent les pieds _____ table.

m. Le chien à ses trousses, le facteur a bondi _____ barrière.

n. Il ne pense qu'à se mettre les pieds _____ table: quel gourmand!

o. Cette ville a besoin de digues, car elle se trouve _____ niveau de la mer.

p. Il faut boire _____ une verre et non pas _____ bouteille.

q. Il avait la pipe _____ bouche et les mains _____ poches.

r. N'écrivez pas votre composition _____ crayon mais _____ _____ encre.

s. Il s'est fait attaquer par deux jeunes voyous; l'un l'a frappé _____ poing, l'autre _____ un bâton.

t. Exprimer vos idées _____ une manière cohérente.

4. Employer de la manière suivante les pronoms indéfinis ci-dessous selon que vous avez affaire à un adjectif ou à un verbe à l'infinitif: quelque chose, quelqu'un, personne, rien.

Modèles: L'air sentait je ne sais quoi d'inconnu.

Il a je ne sais quoi à vous dire.

a. Je voudrais _____ boire.

b. J'aimerais _____ bon _____ manger.

c. Je ne vois plus _____ faire.

d. Nous ne voyons _____ inviter.

e. Avez-vous rencontré _____ sympathique?

f. Voilà _____ rayer de la liste de vos amis.

g. Ce paysage n'a _____ sauvage.

h. Il n'avait _____ drôle ni _____ sérieux _____ me raconter.

Plan et vocabulaire: *Description d'un spectacle et d'un phénomène de la nature*

I. LES SPECTACLES

A. La mer (l'océan)

1. *Détails géographiques:*

un golfe, une baie, un cap, une île, une falaise, un récif, des brisants, une plage (de sable, de galets)

2. *Détails supplémentaires:*

les coquillages, les algues, les bateaux (de pêche, de plaisance, à voile), un yacht, un hors-bord (qui trace un sillage), le ski nautique, les pédalos, les parasols (multicolores), les baigneurs (bronzés, au teint hâlé), les oiseaux de mer (une mouette)

la mer est   bleue, d'azur, verdâtre, argentée

                calme, d'huile, agitée, déchaînée

la marée est   basse, haute

48

PLAN ET VOCABULAIRE

les vagues	déferlent, se brisent sur (les récifs), ont une crête, de l'écume
on entend	le grondement de la mer (des vagues), le hurlement, le sifflement du vent, la sirène d'un bateau, le cri (perçant) des mouettes, le clapotis des vagues sur le sable
la mer, les vagues	grondent
le vent	hurle, siffle, mûgit
la sirène	hurle, mûgit
l'eau	clapote

B. La montagne

1. *Détails géographiques :*

la chaîne de montagnes, le sommet (neigeux), le pic, la crête, la cime, le flanc, le versant, la pente (abrupte, escarpée), le pied, la vallée, les glaciers, le gouffre, le précipice, les rochers, une piste, un sentier

2. *Détails supplémentaires :*

la neige (d'une blancheur éclatante, éblouissante), les neiges éternelles, les pâturages (verts), la forêt, les pins, les sapins, les arbustes, la végétation (luxuriante, maigre, éparse), les châlets

on peut	escalader une montagne, des rochers, gravir une montagne
le regard	plonge vers la plaine, la vallée
on a	une vue panoramique
la montagne	se dresse, s'élève
le torrent	dévale la montagne (la pente), bondit
les chutes (du Niagara)	dévale, rebondit, bouillonne, écume, gronde
une cascade	

II. PHÉNOMÈNES

A. Un coucher de soleil	la tombée de la nuit, le crépuscule, l'ouest, l'occident
la nuit	tombe
le soleil	se couche, lance ses derniers rayons, descend, se cache, disparaît (à l'horizon), embrase l'horizon (le ciel, les nuages, l'occident), teinte, colore le ciel, les nuages (de rouge, orange, pourpre, etc.)
	ressemble à une boule de feu
la nature	s'endort
tout	se tait
B. Un lever de soleil	le point de jour, l'aube (ciel blanc et rose), l'aurore (ciel doré, d'or), l'est, l'orient

49

le jour	se lève
le soleil (pâle, rose)	se lève, lance ses premiers rayons, apparaît, se montre, pointe, monte (à l'horizon), enflamme l'horizon (le ciel, l'orient, les nuages)
	dissipe, disperse la brume
la nature	s'éveille
les oiseaux	lancent leurs premiers cris

C. Un orage   un ouragan (se déchaîne), une tempête (se lève, fait rage), une tornade (s'abat sur)

avant l'orage:

tout (la nature)	se tait
	est d'un calme menaçant
l'atmosphère	est accablante
soudain le vent	se lève, souffle (en rafales), siffle, gémit, hurle (dans les arbres)
les nuages	s'accumulent, s'amoncellent, roulent (dans le ciel)
le ciel	se couvre, s'obscurcit
dans le lointain on entend	les roulements, les grondements du tonnerre
on voit	des éclairs (oranges) qui illuminent le ciel

l'orage:

	éclate
les éléments	se déchaînent
le tonnerre	éclate
les éclairs	sillonnent, zèbrent, déchirent le ciel
la foudre	frappe (une maison)
le vent	tourbillonne
la pluie	tombe (à grosses gouttes, à verse, à torrent, en rafales)
la grêle	martelle les toits, fracasse les vitres, déchiquette le feuillage

après l'orage:

la nature	reprend, recouvre son calme
le vent	s'apaise
la pluie	cesse
les nuages	se dispersent
le soleil	réapparaît

III. IMPRESSIONS (voir Chapitre six, p. 29)

à la vue de ce spectacle,

     on   éprouve un sentiment de, se sent frappé (saisi) de stupeur, de crainte, de panique, d'horreur ce spectacle   remplit (d'admiration, de panique, de joie, d'allégresse, de crainte, de mélancolie), étonne, effraie, horrifie

Exercices de style

1. Remplacer la proposition relative en italiques par l'adjectif approprié, tiré de la liste suivante, et faire l'accord s'il y a lieu.

for 2/27/80

abrupt	couvert	enneigé — *to covered w/ snow*
animé	éblouissant	neigeux *snowy*
aride	embrasé	rocailleux *rocky, stony, harsh*
assourdissant	*to set aglow*	

a. une falaise *qui tombe à pic*   *abrupt*
b. un soleil *qui aveugle*   *éblouissant*
c. un bruit *qui rend sourd*   *assourdissant*
d. une plage *où il y a beaucoup de monde*   *animé*
e. un chemin *qui est bloqué par les neiges*   *neigeux*
f. un pic *qui est couvert de neige*   *enneigé*
g. une vallée *où rien ne pousse*   *aride*
h. un ciel *qui a des nuages*   *couvert*
i. un versant *qui est couvert de pierres*   *rocailleux*
j. un ciel *qui semble être en feu*   *embrasé*

enneigé — to be snowed in

2. Remplacer les expressions en italiques par le participe passé qui convient, et faire l'accord s'il y a lieu.

for 2/29/80

abrité *shelter*	disséminé *spread out*	perdu *lost*
accroché *hang*	exposé *display*	planté *planted*
ancré *anchored*	perché *perched*	taillé *cut*
caché *hidden*		

a. une ferme *qui est au fond de la vallée*   *perdue*
b. un châlet *qui est au flanc de la montagne*   *accroché*
c. un petit port de pêche *qui est dans une baie tranquille*   *abrité*
d. des bateaux *qui sont dans le port*   *ancrés*
e. un versant *qui est au soleil*   *exposé*
f. un chemin *qui est dans la roche*   *taillé*
g. de rares arbustes *qui sont au flanc d'une colline*   *plantés*
h. des parasols multicolores *qui sont sur la plage*   *exposés / disséminés*
i. le soleil *qui est derrière les nuages*   *caché*
j. une villa *qui est au sommet d'une falaise*   *perchée*

51

3. Remplacer les verbes peu expressifs, tels que *il y a, se trouve, est, on voit*, et *on entend*, par un des verbes descriptifs suivants.

briller	flotter	planer
se briser	gazouiller	pointer
clapoter	grimper	resplendir
dévaler	gronder	rouler
s'étendre	jaillir	scintiller
filer	miroiter	siffler
flamboyer	s'ouvrir	

a. Dans un ciel d'azur *il y a* un aigle.
b. Dans la vallée *il y a* une cascade.
c. Dans le ravin *on entend* un torrent.
d. Entre deux rochers *il y a* une source.
e. Sur les hauteurs *il y a* une brume légère.
f. Dans le ciel *on voit* les étoiles.
g. Dans le feuillage *il y a* les oiseaux.
h. Vers le sommet *se trouve* un sentier.
i. Dans un ciel clair *on voit* la lune.
j. Au bord du chemin *se trouve* un précipice.
k. Sous le soleil couchant *est* un glacier.
l. Au-dessus des nuages *est* une cime neigeuse.
m. Le long du rivage *se trouve* un hors-bord.
n. Dans les arbres *on entend* le vent.
o. A perte de vue *il y a* la mer.
p. Au lointain *on entend* le tonnerre.
q. A l'horizon *est* le soleil couchant.
r. Sur les rochers *on entend* des vagues furieuses.
s. Dans un ciel bleu *on voit* le soleil.
t. Sur la plage *on entend* les vagues.

4. Remplacer le mot *bruit* par un nom plus descriptif de la liste suivante.

clapotis	gazouillis	martellement
fracas	grondement	sifflement
frémissement	hurlement	

a. le *bruit* du tonnerre
b. le *bruit* des oiseaux
c. le *bruit* des vagues
d. le *bruit* de la grêle sur les vitres
e. le *bruit* du vent dans la ramure
f. le *bruit* d'une avalanche
g. le *bruit* de la sirène d'un navire
h. le *bruit* des feuilles agitées par la brise

THÈME D'IMITATION

5. Remplacer le mot *lumière* par un nom plus descriptif de la liste suivante.

chatoiement   lueur   scintillement
clarté   miroitement   splendeur
éclat

   a. la *lumière* de la lune
   b. la *lumière* des étoiles
   c. les *lumières* rouges du soleil couchant
   d. la *lumière* du soleil de midi
   e. la *lumière* d'un lac gelé
   f. la *lumière* du soleil équatorial
   g. la *lumière* du givre sur les arbres

Thème d'imitation

Décrire un phénomène ou un spectacle de la nature en essayant de dégager vos impressions.

53

CHAPITRE NEUF

La Description:

Le Portrait

LIRE: *Appendice VI*

Etude de verbes

Réviser les verbes suivants à tous les temps de l'indicatif, du subjonctif et du conditionnel:

croire, devenir, venir, mettre, émettre, séduire

Texte modèle

Sylvain Kohn était petit, trapu, *la* face entièrement rasée, à l'américaine, le teint trop rouge, les cheveux trop noirs, une figure large et massive, *aux* traits gras, les yeux petits, plissés, fureteurs, la bouche un peu de travers, *un* sourire lourd et malin. Il était mis avec une élégance qui cherchait à dissimuler les défectuosités de sa taille, ses épaules hautes et la largeur de ses hanches. C'était là l'unique chose qui chagrinât son amour propre; il eût accepté de bon coeur quelques coups de pied au derrière pour avoir deux ou trois pouces de plus et la taille mieux prise. Pour le reste, il était fort satisfait de lui-même; il se croyait irrésistible. Le plus fort est qu'il l'était . . . On se moquait de lui; mais cela ne l'empêchait point de réussir. Ceux qui disent que *le* ridicule tue à Paris ne connaissent point Paris.

(ROMAIN ROLLAND, *Jean-Christophe à Paris*)

54

EXERCICES

1. Rétablir le verbe dans la construction elliptique: "la face entièrement rasée, à l'américaine".
2. A quels mode et temps est: eût accepté? Par quelle forme pourrait-on remplacer ce verbe dans la langue courante?
   A quels mode et temps est: chagrinât? Pourquoi l'auteur a-t-il employé ce mode et ce temps? Par quelle forme pourrait-on remplacer ce verbe dans la langue courante? (deux manières) (cf. Appendice VI).
3. Analyser les articles en italiques.
4. a. Donner des synonymes de: fureteurs, malin, (il était) mis, élégance, dissimuler, défectuosités, chagrinât, de bon coeur.
   b. Donner des antonymes de: trapu, gras, réussir.
5. Sourire: de quelle manière est formé ce mot? Donner cinq autres mots formés de la même manière et les employer dans de courtes phrases.

Exercices d'expansion

1. Compléter les phrases suivantes en employant les mots de la liste ci-dessous. (Consulter les dictionnaires.) *glance*

bâton	œil	téléphone *telephone call*
~~essay, trial~~ essai	pied	tête *sudden impulse*
état	sang *stroke*	théâtre *dramatic turn of events*
feu	sifflet	tonnerre
foudre	soleil	vent (2 fois)
grâce *last straw*		

deathblow

Modèle: Il eût accepté de bon coeur quelques coups de pied au derrière.

a. L'agent de police qui règle la circulation donne des coups de siffle̶t̶ . *whistle*
b. Un coup de̶ t̶ê̶t̶e̶ vent ébouriffa ses cheveux.
c. Un coup de tonnerre annonça le début de l'orage. *storm*
d. Un coup de̶ f̶e̶u̶ feu retentit et un homme au visage *gunshot* masqué sortit en coup (vent) .
e. Les personnages de farce reçoivent souvent des coups d̶e̶ t̶ê̶t̶e̶ bâton .
f. Il avait un teint de homard dû à de nombreux coups *lobster* de soleil *sunburn*.
g. C'est la première fois qu'il entreprend ce travail: c'est son coup d'essai . *1st attempt*
h. Il a quitté la maison paternelle sur un coup de̶ g̶r̶â̶c̶e̶ tête

i. Dès leur première rencontre ce fut le coup _de foudre_ :
huit jours après ils se mariaient.

j. Son arrivée à l'improviste provoqua un coup _théâtre_ .

k. Il s'approcha de son cheval blessé, tira son revolver et lui
donna le coup _de grâce shot (gun)_

l. Pendant l'examen, il jetait sur la copie de son voisin des coups
d'oeil désespérés. _glance_

m. Le gouvernement fut renversé par un coup _d'état_ .

n. Si vous voulez des nouvelles de votre ami, passez-lui donc un
coup _de téléphone phone call_ .

o. Il est mort d'apoplexie; c'est-à-dire d'un coup _de sang_ .
He died of a stroke

2. Transformer les phrases ci-dessous dont la construction est inélégante
d'après le modèle ci-dessous.

NOTE: Le changement (1) n'est possible que dans le cas où les sujets sont les
mêmes dans les deux propositions.

Adonis	dandy	Einstein
Aristote	Don Juan	Vénus

Modèle: Il croyait qu'il était irrésistible.

(1) Il croyait être irrésistible.
(2) Il se croyait irrésistible.
(3) Il se trouvait irrésistible.
(4) Il se prenait pour un Don Juan.

a. Elle croyait qu'elle était belle.
b. Il a cru qu'il était élégant.
c. Ils croient qu'ils sont intelligents.
d. Il a cru qu'il était philosophe.
e. Il croyait qu'il était beau.

3. Dans les phrases suivantes, opérer les changements préconisés par le
modèle ci-dessous.

beauté	génie	séducteur
érudit	jeune premier	simple d'esprit
femme fatale		

Modèle: On croyait qu'il était irrésistible.

(1) On le croyait irrésistible.
(2) On le savait irrésistible.
(3) On le trouvait irrésistible.

56

(4) On le prenait pour un séducteur.

a. On croyait qu'il était instruit.
b. On croyait qu'elle était belle.
c. On croyait qu'il était niais.
d. On croyait qu'il était intelligent.
e. On croyait qu'elle était séduisante.
f. On croyait qu'il était beau garçon.

4. Emploi de l'article défini et indéfini devant les parties du corps. Lorsque l'adjectif précède le nom, on ne peut employer que l'article indéfini:

Modèle: Il avait <u>de</u> petits yeux plissés.

Lorsque l'adjectif suit le nom, il est possible d'employer soit l'article défini:

Modèle: Il avait <u>les</u> yeux petits, plissés, fureteurs.

soit l'article indéfini:

Modèle: Il avait <u>des</u> yeux petits, plissés, fureteurs. *Recto*
        Il avait <u>un</u> sourire lourd et malin.

a. Elle avait *le* nez retroussé. *turned-up*
   Elle avait *un* petit nez retroussé.
b. Elle avait *les* yeux bleus.
   Elle avait *de* beaux yeux bleus.
c. Elle avait *les* mains fines.
   Elle avait *de* belles mains fines.
d. Elle avait *le* regard vif.
   Elle avait *un* beau regard vif.
e. Il avait *la* moustache fine.
   Il avait *une* petite moustache fine.
f. Il avait *la* barbe blanche.
   Il avait *une* longue barbe blanche.
g. Elle avait *le* sourire radieux.
   Elle avait *un* large sourire.
h. Elle avait *les (les)* mains petites et grasses.
   Elle avait *de* petites mains grasses.
i. Elle avait *les* dents chevalines.
   Elle avait *de* grandes dents chevalines.

57

5. Transformer les phrases suivantes d'après le modèle ci-dessous:

> *Modèle:* Ses yeux étaient fureteurs.
> Il avait <u>les</u> yeux fureteurs.
> C'était un homme <u>aux</u> yeux fureteurs.

    a. Sa face était rasée.
    b. Son dos était voûté.
    c. Ses mains étaient potelées.
    d. Ses yeux étaient gris.
    e. Ses cheveux étaient grisonnants.
    f. Son sourire était malin.
    g. Sa démarche était chancelante.
    h. Son visage était anguleux.
    i. Son regard était magnétique.
    j. Sa mine était renfrognée.

Plan et vocabulaire: *Le Portrait*

I. LA TAILLE, LA STATURE

ce personnage est   grand, petit, svelte, trapu, mince
c'est un personnage   maigre, gros, corpulent, obèse, plantureux, gracieux, <u>bien bâti</u>, <u>bien fait</u>, de haute taille, de taille élevée (élancée, moyenne), de courte taille

il a   le dos voûté, les épaules larges (carrées, de lutteur, tombantes, frêles, étroites), la taille mince (fine, souple, flexible, épaisse, lourde)

II. MEMBRES

ses membres (bras, jambes) sont   maigres, grêles, fins, délicats, frêles, solides, forts, robustes, musclés

ses mains sont
il a les (des) mains   longues, courtes, grasses, potelées, osseuses, maigres, douces, lisses, blanches, rugueuses, calleuses, crevassées

il fait   des gestes, de grands gestes
il gesticule

III. LA TÊTE

il a le (un) visage   régulier, fin, allongé, carré, rond, plein, maigre, anguleux, osseux, ridé, pâle, blême, rouge, sanguin, barbu, imberbe, rasé de frais

son visage	respirait la santé *looks a picture of health*
il a une figure	belle, agréable, laide, sotte, intelligente *pleasant ugly stupid*
il a le (un) teint	coloré, éclatant, vermeil, mat, flétri (décoloré), *colorful bright rosy sodden*
	hâlé, bronzé, clair, foncé, frais, fatigué (les *tanned dark* traits tirés)
il a les (des) yeux	en amande, enfoncés, saillants *protruding* *almond sunken*
ses yeux:	
sont	vifs, ardents, brillants, perçants, vitreux, langou- *fiery shaped bright glassy languishing*
	reux, tristes, rieurs, malins, espiègles *smiling sly mischievous*
pétillent	de malice *mischief mocking* *crackle*
rayonnent	de joie *beam*
brillent	de colère *glare*

il a:

le (un) regard	sévère, rusé, mélancolique, souriant, magnétique, *look cunning friendly* sournois, franc
le (un) front	haut, bas, large, étroit, bombé, dégarni, chauve, ridé, lisse
le (un) nez	droit, pointu, épaté, camus, aquilin, retroussé
les (des) joues	creuses, pleines
les (des) pommettes	saillantes, rondes, vermeilles, rosées, pâles *cheekbones*
les (des) lèvres	minces, fines, épaisses, sensuelles
les (des) cheveux	blonds, roux, châtains, bruns, gris, grisonnants, blancs, clairsemés, touffus, longs, courts, en brosse, bouclés, frisés, ondulés, lisses, crépus, ébouriffés, en broussaille, en bataille
le (un) menton	carré, volontaire, énergique, fuyant (un double menton)
la mine	(expression du visage)
on a	(santé) une bonne mine, une mauvaise mine
	(intelligence) la mine éveillée, apathique
	(humeur) la mine souriante, joyeuse, renfrognée

IV. LA VOIX

il a la (une) voix	(intensité) faible, forte, puissante *weak strong powerful*
il parle d'une voix ⎫	(timbre) basse, haute, rauque, claire, grave, *low high hoarse low*
il s'exprime d'une voix ⎭	aiguë, perçante, éraillée, bien timbrée, sourde, *high-pitched husky deep* sonore, de stentor *echoing*
	(qualité) chantante, mélodieuse, criarde, dis- *melodious shrill* cordante, chevrotante *quivering*

il crie

il chuchote *whisper*

il bégaie *stutter*

il bredouille *stutter stammer out an excuse* *mumble*

59

V. LA DÉMARCHE

il a la (une) démarche ferme, assurée, fière, noble, chancelante, hésitante, lente, lourde, pesante, sautillante, rapide, alerte, aisée

il marche d'une manière ferme, assurée, chancelante, etc.
elle marche en se déhanchant
il a un pas léger, leste, agile, pesant, lent.

Exercices de style

1. Remplacer les détails descriptifs par des expressions plus vivantes et plus suggestives, tirées de l'actualité ou de l'histoire.

Beatles	De Gaulle	Jeanne d'Arc
Charles Boyer	Fidel Castro	Marlene Dietrich
Yul Brynner	Jackie Gleason	Phyllis Diller
Clark Gable	Jayne Mansfield	Voltaire
Cyrano		

Modèle: Il avait le crâne rasé.
Il avait un crâne *à la Yul Brynner.*

a. Il avait la barbe touffue.
b. Il avait la moustache fine.
c. Elle avait les cheveux très courts.
d. Il avait le sourire malicieux.
e. Elle avait les jambes fines et élégantes.
f. Il avait le ventre rebondi.
g. Elle avait les cheveux ébouriffés.
h. Il avait, soi-disant, l'accent français.
i. Il avait les cheveux longs.
j. Il avait le nez bourbonien.
k. Elle avait la poitrine opulente.
l. Il avait le nez très long.

2. Remplacer les expressions *où il y a, où l'on voit, qui exprime* par une expression adjective plus descriptive, tirée de la liste suivante.

blême	pétillant	tremblant
convulsé	rayonnant	vert
dévorant	resplendissant	voilé
écarquillé	rouge	

EXERCICES DE STYLE

Modèle: des yeux *où l'on voyait la* malice
des yeux <u>pétillants de</u> malice

> a. un sourire *où l'on voyait la* joie
> b. un visage *où l'on voyait la* santé
> c. un visage *qui exprime la* colère
> d. un visage *qui exprime la* honte *shame*
> e. un visage *où il y avait la* peur
> f. des lèvres *où l'on voyait l'*émotion
> g. des yeux *où l'on voyait la* surprise
> h. un visage *où l'on voyait la* <u>douleur</u> *pain, sorrow*
> i. des yeux *où l'on voyait la* tristesse
> j. un regard *où l'on voyait la* passion

3. Remplacer le superlatif absolu par un adjectif plus descriptif, tiré de la liste suivante.

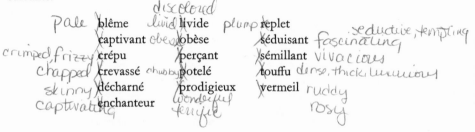

pale blême *discolored* livide *plump* replet
captivant *obese* obèse séduisant *seductive, tempting / fascinating*
crimped, frizzy crépu perçant sémillant *vivacious*
chapped crevassé *chubby* potelé touffu *dense, thick, luxurious*
skinny décharné prodigieux vermeil *ruddy*
captivating enchanteur *wonderful / terrific* *rosy*

Modèle: une voix *très aiguë*
une voix <u>perçante</u>

> a. un homme *très gras* *hairy couple* obèse ~~replet obèse~~
> b. des cheveux *très épais* touffus
> c. un monsieur *très corpulent* ~~obèse~~ replet
> d. des joues *très rondes* *cheeks* potelés
> e. une femme *très attirante* *appealing* séduisante
> f. un sourire *très charmant* captivant
> g. une *très grande* force prodigieux
> h. un visage *très pâle* blême
> i. un visage *très très pâle* livide
> j. un teint *du plus beau rouge* vermeil
> k. des cheveux *très frisés* crépus
> l. des membres *très maigres* décharnés
> m. des mains *très rugueuses* *rough* crevassés
> n. une voix *très agréable* enchanteresse
> o. une femme *très vive* sémillant

61

for Wed. the 19th

for Fri. March 21

4. Remplacer la construction "substantif-adjectif" en italiques par une expression substantive.

Modèle : Son élégance cherchait à dissimuler *sa taille défectueuse.*
Son élégance cherchait à dissimuler la défectuosité de sa taille.

a. Une légère robe d'été soulignait *ses formes gracieuses.*
b. Une robe noire accentuait *son visage pâle.*
c. Un survêtement ample dissimulait *ses muscles puissants* et *ses larges épaules.*
d. Son maintien digne s'harmonisait avec *sa démarche lente* et *sa voix grave.*
e. *Son regard magnétique* vous subjuguait.
f. Son sourire radieux faisait oublier *sa figure laide.*
g. *Ses dents blanches* tranchaient sur son visage bronzé.
h. *Sa voix tremblante* révélait sa timidité.
i. *Ses lèvres sensuelles* contrastaient avec *son visage ascétique.*
j. On était séduit par *sa démarche aisée, ses traits fins* et *son regard franc.*
k. Sa corpulence contrastait avec *ses mouvements vifs.*

5. Remplacer les mots en italiques par l'adjectif propre, tiré de la liste suivante.

alerte	fureteur	mat
camus	gracieux	plantureux
clairsemé	grisonnant	ridé
coloré	hésitant	sournois
dégarni	malin	vitreux
ferme		

Modèle : des yeux curieux et indiscrets
des yeux fureteurs

a. un visage, un front *couvert de rides*
b. une personne, un visage, un air, un regard *qui manifeste la dissimulation*
c. un front *qui a perdu ses cheveux*
d. un nez *qui est court et plat*
e. une barbe, des cheveux *qui deviennent gris (qui commencent à blanchir)*
f. des cheveux *qui deviennent rares*
g. une femme *aux formes bien rondes et appétissantes*
h. une jeune fille *qui charme par sa silhouette et son maintien*
i. une voix, une démarche *qui manque d'assurance*

62

j. une personne *aux mouvements vifs* alerte *brisk*

k. une démarche *pleine de naturel et d'assurance* ferme?

l. un teint *qui manque d'éclat, de brillant* mat

m. un teint *qui a de vives couleurs* coloré

n. des yeux *qui ne brillent plus* ~~vitreux~~ ~~mats~~ vitreux

o. des yeux, un sourire, un air *qui révèlent de l'ingéniosité et de la finesse* ~~astucieux~~ malin

6. Remplacer les mots en italiques par l'adjectif propre, tiré de la liste suivante.

aquilin
chevrotant *quivering*
hâlé *tan*

bouclé *curly*
criard *loud + shrill*
lisse *sleek (hair)*

bronzé
éraillé [2 fois] *husky voice*
ondulé *wavy*

en broussaille *bushy hair*
espiègle *mischievous*
retroussé *turned-up nose*

chauve *bald*
fuyant *receding chin*
de stentor

a. un sourire, des yeux *qui expriment une malice joyeuse et puérile* espiègles

b. des cheveux *qui forment des anneaux, ou des spirales* bouclés *rings*

c. des cheveux *qui évoquent le mouvement des vagues* ondulés

d. des cheveux, des sourcils *épais et en désordre* en broussaille

e. un front, un menton *très incliné* fuyant *chin*

f. des yeux *qui sont striés de filets rouges* éraillés

g. une voix *qui émet un son rude et rauque* éraillée

h. une voix *forte et retentissante* de stentor

i. une voix *retentissante, mais très désagréable* criarde

j. une voix *tremblotante qui rappelle le bêlement de la chèvre* chevrotante *bleating goat*

k. un crâne *qui n'a pas de cheveux* chauve

l. une peau *brunie par le vent* hâlée — could be windburn

m. une peau *brunie par le soleil* bronzé

n. un front *qui n'est pas ridé (wrinkled)* lisse (smooth)

o. un nez *qui a la forme d'un bec d'aigle* aquilin

p. un nez *qui se relève par le bout* retroussé

Thème d'imitation

Faire le portrait d'un personnage *que vous connaissez bien,* en mettant en relief *stressing* les détails physiques et moraux *les plus caractéristiques.* 'the most characteristic.

CHAPITRE DIX

Exercices

sur le subjonctif

Textes modèles

Je suis content, dit-il, que tu sois[1] d'accord avec mon renard.
émotion

(St. Exupéry, *Le Petit Prince*)

Mon fils! que le jour où tu reviens à moi soit béni.[2]

(Gide, *Le Retour de l'enfant prodigue*)

Dites au gouvernement, au procureur du roi, qu'on me les amène,[3] je le veux!

(Balzac, *Le Père Goriot*)

Peut-on être un saint sans Dieu, c'est le seul problème concret que je connaisse[4] aujourd'hui. *superlative*

(Camus, *La Peste*)

Ce que je hais, c'est la mort et le mal, vous le savez bien. Et que vous le vouliez[5] ou non, nous sommes ensembles pour les souffrir et les combattre.

(Camus, *La Peste*)

Bien sûr, quand on est braconnier, il arrive qu'on se fasse[6] prendre.

(Maurice Genevoix, *Raboliot*)

64

Mais avec quelque talent qu'on puisse[7] être né, l'art d'écrire ne s'apprend pas tout d'un coup.

(ROUSSEAU, *Confessions*)

S'il est vrai que le caractère de l'esprit et les passions du coeur soient[8] extrêmement différents dans les divers climats, les lois doivent être relatives et à la différence de ces passions et à la différence de ces caractères.

(MONTESQUIEU, *L'Esprit des lois*)

Les Français furent les seuls qui réussirent[9] dans le genre de l'éloquence.

(VOLTAIRE, *Le Siècle de Louis XIV*)

Il avait eu si peur, quand Bourrel avait découvert les lapins, que la tête lui avait tourné.[10]

(M. GENEVOIX, *Raboliot*)

ANALYSE

1. sois   Le subjonctif est employé ici dans une proposition substantive dépendante d'un verbe d'émotion. La déclaration est teintée de subjectivité.

2. soit béni   Cette forme après "que", quelquefois considérée comme un impératif, est en fait dépendante d'un verbe sous-entendu exprimant ici la prière, et introduisant normalement un subjonctif: Je prie que le jour où tu reviens vers moi soit béni. Comparer avec: *God save the king. For: may God save the king.*

3. amène   Le subjonctif est employé après un verbe exprimant la volonté. "Dîtes", normalement *verbe déclaratif*, est suivi d'un *indicatif*; cependant quand il exprime *la volonté* il est suivi du *subjonctif*: Dîtes-lui qu'il *est* pardonné et qu'il *revienne*.

4. connaisse   Le subjonctif est employé après un superlatif pour exprimer un fait présenté non comme une réalité concrète mais comme une opinion personnelle.

5. vouliez   Ici le subjonctif exprime un fait présenté comme hypothétique. "Que vous le vouliez ou non", veut dire: *il importe peu que* vous le vouliez ou que vous ne le vouliez pas. Si on ne voulait pas laisser d'alternative, on emploierait l'indicatif: *même si* vous ne le *vouliez* pas.

65

6. se fasse	Le subjonctif ici est dépendant d'un verbe exprimant la conjecture. "Il arrive qu'on se fasse prendre", pourait s'exprimer par: *Il est fort possible* qu'on *se fasse* prendre.
7. puisse	Le fait de posséder du talent ici est présenté non pas comme conforme à la réalité mais comme une hypothèse, d'où le mode subjonctif. La même idée présentée comme un fait réel exigerait l'indicatif: même si on *est* né avec du talent....
8. soient	Ici le subjonctif est logiquement employé par Montesquieu; en effet "soient" est dépendant non pas de: "il est vrai que" qui exigerait l'indicatif mais de "si" hypothétique. De nos jours cependant, et contre toute logique, le *si* est suivi normalement de l'indicatif.
9. réussirent	Ici nous avons un verbe à l'indicatif bien qu'il soit dépendant d'un superlatif (cf. No. 4) pour exprimer un fait présenté, comme ayant eu vraiment lieu et donc comme étant conforme à une réalité objective. Voltaire nous présente ce fait comme *une vérité*.
10. avait tourné	L'indicatif ici est tout à fait logique car "il avait eu si peur" n'affecte pas subjectivement la subordonnée "*que* la tête lui avait tourné". Les deux propositions nous sont présentées comme deux faits réels, accomplis, l'un étant le résultat de l'autre: "Il avait eu si peur," et à cause de cela, "la tête lui avait tourné".

Exercices

1. Compléter les phrases suivantes par le verbe entre parenthèses au mode convenable.

a. Dites-lui donc qu'il (*avoir*) réussi à son examen. *a*
   Dites-lui donc qu'il (*se taire*). Il nous ennuie. *Se taise*

b. De tous les bateaux qui sont ancrés dans cette baie, c'est le plus grand qui m' (*appartenir*). *appartienne*
   C'est le plus grand bateau que nous (*avoir*) jamais vu, n'est-ce pas?

c. Je cherche une librairie où l'on (*vendre*) des livres français. Y en a-t-il une dans ce quartier? *rend*
   Je cherche une librairie où l'on (*vendre*) des livres français. Savez-vous où elle se trouve?

d. Savez-vous que votre candidat (*avoir*) été élu? Cela vient de paraître dans les journaux.
   Savez-vous que votre candidat (*avoir*) été élu? Je n'en ai pas été averti.

e. Nous voulons un ministre qui (*être*) intègre. *est*
C'est un ministre qui (*être*) intègre. *est*
f. Connaissez-vous quelqu'un qui (*pouvoir*) m'aider? *peut*
Oui, j'ai sous la main quelqu'un qui (*pouvoir*) vous aider. *peut*
g. Il se doute que vous (*être*) ici.
Il ne se doute pas que vous (*être*) ici.
h. Nous souhaitons qu'il (*faire*) beau demain. *faite* ?
Nous espérons qu'il (*faire*) beau demain. *faite*
i. Il a travaillé d'arrache-pied de sorte qu'il (*avoir*) enfin réussi.
Nous l'avons aidé de sorte qu'il (*pouvoir*) réussir à son prochain examen.
j. Il est à la recherche d'une villa qui (*être*) au bord du lac.
Il a loué une villa qui (*être*) au bord du lac.

2. Compléter les phrases suivantes par le verbe entre parenthèses au mode convenable.

a. Avertissez-le qu'il (*se faire*) tard et qu'il (*vouloir*) bien se presser.
b. Téléphonez-lui qu'il (*venir*) me voir demain et que je lui (*donner*) alors ma réponse.
c. Ecrivez-lui que je (*être*) en vacances et qu'elle me (*rendre*) visite.
d. L'Université m'a répondu que mes notes (*être*) satisfaisantes et que je (*s'inscrire*) à la prochaine session.
e. Nous ne cessons de lui répéter que nous (*s'intéresser*) à ses travaux et qu'il nous (*faire*) parvenir son manuscrit.
f. Faites-lui savoir qu'il (*vouloir*) bien se présenter à l'examen le 25 mai et que surtout il (*être*) à l'heure.
g. Nous vous signalons que notre prochain numéro (*paraître*) le 25 courant et qu'il (*coûter*) la modique somme de deux francs.
h. Si vous (*avoir*) encore des difficultés avec le subjonctif et que vous ne (*savoir*) pas faire ces exercices, consultez donc L'Appendice VI.
i. Si vous en (*avoir*) le temps et que le cœur vous en (*dire*) venez donc prendre le café avec nous.
j. Si vous (*vouloir*) que je (*faire*) ceci, il suffit que vous m'en (*laisser*) le temps.

3. Compléter les phrases suivantes par le verbe entre parenthèses au mode convenable.

a. Avez-vous pris un livre rouge qui (*se trouver*) sur mon bureau? *s'est trouvé*
b. Croyez-vous que je ne (*voir*) pas votre manège?
c. Nous voulons quelqu'un en qui nous (*pouvoir*) avoir confiance.

  d. Niez-vous maintenant que je (*avoir*) dit la vérité?

  e. Il est peu probable que nous (*avoir*) fini à temps.

  f. Je me doute que vous (*avoir*) passé d'agréables vacances.

  g. Quelque faute que vous (*avoir*) commise, je vous pardonne.

  h. J'espère que vous (*pouvoir*) passer la soirée avec nous. pouvez

  i. Le médecin recommande que vous (*rester*) un mois de plus à la montagne.

  j. Il paraît que cette pièce (*être*) un chef-d'œuvre.

  k. C'est un sournois et nous ne pensons pas qu'il (*avoir*) dit la vérité.

  l. Que vouliez-vous qu'il (*faire*) contre trois? Qu'il (*mourir*). (Corneille)

  m. Il a échoué à l'oral, soit qu'il ne se (*être*) pas suffisamment préparé, soit qu'il (*avoir*) été intimidé. aille

  n. Il est à craindre que cette situation ne (*aller*) de pis en pis.

  o. Il ne pose pas sa candidature, non que le poste ne lui (*plaire*) pas, mais il a horreur des campagnes électorales.

4. Compléter les phrases suivantes par le temps du subjonctif qui convient. Dans cet exercice ll = langue littéraire.

  a. Si elle ne retrouve pas son sac à main, il est fort possible qu'on le lui (*voler*).

  b. Si elle ne fait pas attention à son sac à main, il est fort possible qu'on le lui (*voler*).

  c. Il finira ses études avec succès à supposer qu'il (*fournir*) le même effort.

  d. Il eût mieux valu qu'elle (faire) attention. (ll)

  e. Pour obtenir cet emploi, il suffit qu'il (*venir*) me voir.

  f. Bien qu'il (*lire*) ce poème maintes fois, il ne le comprend toujours pas.

  g. Faites en sorte qu'il (*terminer*) son devoir quand j'arriverai.

  h. Elle trouvait tout naturel qu'on lui (*faire*) des compliments. (ll)

  i. Tout arrogant qu'il (*être*), il ne m'impressionne pas.

  j. J'aimerais que vous me (*téléphoner*) dès votre arrivée.

  k. Il est regrettable qu'elle (*partir*) déjà.

  l. Parlez plus haut qu'on vous (*entendre*).

  m. Je n'aime pas qu'on (*m'interrompre*).

  n. Je ne pense qu'il (*pouvoir*) se tirer d'affaire de si tôt.

  o. Je déplore que vous ne me (*consulter*) pas hier au sujet de cette affaire.

5. Relier les phrases juxtaposées en employant dans la proposition subordonnée le mode convenable.

   Modèle: Il n'est pas venu. Je le regrette.
   Je regrette qu'il ne soit, pas venu.

   a. Il viendra. Je le veux. *Je veux qu'il vienne*
   b. Il a menti. Le croyez-vous? *Croyez vous qu'il ait menti*
   c. Nous aurons des ennuis. C'est certain. *C'est certain que nous*
   d. Vous réussirez. Je l'espère.
   e. Il aura fini sa thèse en un an! C'est peu probable.
   f. Nous irons en France l'année prochaine. C'est très probable.
   g. Prenez un jour de congé. Nous le voulons bien.
   h. Il a perdu sa mère. C'est navrant.
   i. Ce projet sera terminé le mois prochain. C'est essentiel.
   j. A-t-il des chances de gagner à la loterie? Je pense que non.
   k. Il éprouvera des difficultés. Je m'en doute.
   l. A-t-il triché à son examen? Ses camarades le nient.
   m. J'étais très occupé. Cependant il ne l'a pas cru.
   n. Mon fils est inscrit au tableau d'honneur. J'en suis fier *(fière)* *pronounced like*
   o. Il n'a pas entrepris ce voyage. Il n'avait pas le temps, ou bien il n'avait pas les fonds nécessaires.
   p. Un poste de police est près de la gare. Ce touriste le cherche.
   q. Une fusée qui pourra atterrir sur Mars? Le gouvernement cherche à en construire une.
   r. Il s'exprimait ainsi. Cela semblait peu naturel.
   s. Il trouvera enfin son maître. C'est inévitable.
   t. Attendez. Je reviens.

6. Dans les phrases suivantes, remplacer la proposition nominale au subjonctif par un substantif.

   Modèle: J'empêche *qu'il soit exécuté.*
   J'empêche son exécution.

   a. Nous demandons *qu'il meure.*
   b. Ils autorisent *qu'il revienne.*
   c. J'ai empêché *que vous partiez.*
   d. Nous désirons *qu'elle soit heureuse.*
   e. Il exige *que nous soyons arrêtés.*
   f. Je désire *qu'il m'approuve.*
   g. Nous aimons *que l'on nous complimente.*
   h. Nous n'espérons plus *qu'il soit acquitté.*
   i. Il souhaite *que je collabore avec lui.*

69

j. Je réclame *qu'il soit gracié.*
k. Il ne croit pas *que je sois coupable.*
l. Je doute *que vous soyez sincère.*
m. Nous détestons *que l'on mente.*
n. Nous mettons en doute *qu'il soit loyal.*
o. Je ne disconviens pas *que ses propos soient vrais.*
p. Je ne conçois pas *qu'on soit si imprudent.*
q. Ils déplorent *qu'elle soit si naïve.*
r. Nous ne nions pas *que vous soyez intelligent.*
s. Nous nous sommes disputés avant *qu'il ne parte.*
t. Restez-ici jusqu'à *ce que je revienne.*

CHAPITRE ONZE

La Narration

LIRE: *Appendice VII; Appendice VIII*

Etude de verbes

Réviser les verbes suivants à tous les temps de l'indicatif, du subjonctif et du conditionnel:

(s')avancer, boire, écrire, essayer, finir, s'enfuir, se joindre à, prendre, sortir, (se) tenir, entretenir

Texte modèle

[Dans ce passage débordant d'humour et de fantaisie, Marcel Aymé nous présente Etienne Duvilé, petit fonctionnaire chargé de famille, pour qui le vin est devenu un luxe et une véritable obsession tournant bientôt à l'hallucination: un soir, en rentrant chez lui, Duvilé croit voir en son beau-père une bouteille de bordeaux et, à la manière d'un de ses camarades de régiment, le Sergent Moreau, joyeux luron et gros buveur, il va tenter de l'ouvrir.]

Lorsque son beau-père fut assis, Duvilé vint *à* lui avec un tisonnier *dans* la main droite.

— Ne bougez pas, dit-il en lui plaçant un doigt sous le menton.

Le vieillard souriait bonnement. Reculant d'un pas pour prendre le champ convenable, Duvilé leva le bras et lui déchargea sur le col un bon coup de tisonnier. Le choc était rude, non mortel. Le malheureux poussa un hurlement. Mme Duvilé et les deux enfants, *avec* des cris et des supplications, essayèrent de s'interposer. Mais Duvilé voyait vin rouge. Heureusement, un voisin alerté par le bruit fit irruption dans la salle à manger. Croyant voir entrer une bouteille de bourgogne, le forcené se tourna *contre* lui, car il avait une estime particulière pour les bourgognes. De ce côté, il se heurta à une très vive résistance qui l'eut bientôt découragé. S'échappant alors de l'appartement, il dévala les étages au galop, ayant toujours son ringard solidement en main.

Dans la rue l'attendait un spectacle merveilleux. Des dizaines et des dizaines de bouteilles, des crus les plus divers, déambulaient sur le trottoir, les unes solitaires, les autres par rangées. Un moment, il suivit *des* yeux avec amitié le couple charmant que formaient un bourgogne râblé et une fine bouteille d'Alsace *au* col élancé. Puis, avisant un clochard qui se recommandait à lui *par* son aspect poussiéreux, il s'en approcha et l'étourdit d'un seul coup de ringard. Des soldats américains qui passaient par là réussirent à le maîtriser. Emmené au poste de police, il y manifesta le désir *de* boire le commissaire.

Aux dernières nouvelles, Duvilé est dans un asile d'aliénés et il semble qu'il ne soit pas près d'en sortir, car les médecins l'ont mis à l'eau de Vittel.

(MARCEL AYMÉ, *Le Vin de Paris*)

EXERCICES

1. Analyser les participes présents du texte et en expliciter le sens au moyen d'une construction différente (cf. Appendice VIII).
2. Indiquer l'idée exprimée par les prépositions en italiques. Donner un autre emploi de chacune de ces prépositions et l'illustrer à l'aide d'une courte phrase (cf. Appendices IV et V).
3. Expliquer l'emploi du mode subjonctif dans la dernière phrase.
4. Donner un synonyme des mots en italiques suivants: souriait *bonnement*, prendre *le champ*, *déchargea* un *bon* coup, *se heurta à*, une *vive* résistance, *dévala*, *avisant*.
5. Expliquer les mots ou expressions suivants: fit irruption, déambulaient, un bourgogne râblé.
6. Donner trois mots de la famille de: mortel, se tourna, solidement, passaient.
7. Citez trois détails du texte qui vous semblent tout particulièrement comiques et indiquez-en la raison.

Exercices d'expansion

1. Position des pronoms personnels dans les groupes infinitifs. Remplacer les éléments en italiques par des pronoms personnels. (Réviser dans une grammaire de référence l'emploi des pronoms personnels.)

   Modèle: Il croit voir entrer *une bouteille*.

   Il croit en voir entrer une.

EXERCICES D'EXPANSION

a. Laissez venir à moi *les petits enfants.*
b. On a fait entrer *l'accusé.*
c. J'ai entendu dire *qu'il venait.*
d. Laissez faire *ce travail à Paul.*
e. J'ai envoyé chercher *le médecin.*
f. Il est allé voir *un* excellent *film.*
g. Je lui ai entendu dire *cela.*
h. Nous avons fait étudier *sa leçon à Jean.*
i. Elle est allée promener *le chien.*
j. Elle s'est fait faire *une permanente.*

2. Remplacer la proposition relative soit par une proposition infinitive, soit par un substantif, selon que le verbe de perception exprime une idée de base ou une idée nuancée (cf. Appendice VII).

Modèles: Il croit voir une bouteille *qui entrait.*
Il croit voir entrer une bouteille.

Il croit apercevoir un avion qui *atterrissait.*
Il croit apercevoir l'atterrissage d'un avion.

a. J'entendis une voiture *qui klaxonnait.*
b. J'écoutais la pluie *qui martelait* les vitres.
c. Il remarqua un étrange personnage *qui entrait.*
d. Le soldat sentit une balle *qui lui passait* près de l'oreille.
e. On put distinguer alors un bateau *qui arrivait* dans la brume.
f. L'enfant suivit des yeux l'avion *qui partait.*
g. L'ingénieur surveillait les travaux *que l'on exécutait.*
h. Il lui sembla entendre une branche *qui craquait.*
i. Les membres du jury contemplaient les candidats *qui défilaient.*
j. L'homme considérait avec un vif intérêt *celui qui arrivait.*

3. La préposition *à* qui accompagne les verbes ci-dessous peut prendre deux valeurs différentes. Préposition de *lieu,* elle sera suivie d'un pronom personnel *tonique.* Au contraire, si elle n'introduit qu'un simple *datif,* le verbe sera accompagné d'un pronom *atone.*

Modèles: Duvilé vint *à son beau-père.*
Duvilé vint à lui.
Il déchargea *à son beau-père* un bon coup de tisonnier.
Il lui déchargea un bon coup de tisonnier.

a. Remplacer les noms en italiques par des pronoms personnels.
 (1) Elle a rêvé *à son ami.*
 (2) Faites attention *à cet individu.*
 (3) Il a commandé un martini *au barman.*

(4) Avez-vous parlé *à votre patron?*
(5) Elle se joindra *à ses amies* en fin de soirée.
(6) Il se mêla *aux invités.*
(7) Je n'ai rien prêté *à Paul.*
(8) Il n'avait rien dit *à son avocat.*
(9) Allez *à votre mère* et avouez votre faute.
(10) Le petit chien ne tarda pas à s'attacher *à son sauveteur.*
(11) Le chat aime se frotter *à son maître.*
(12) Personne ne peut se fier *à ce poltron.*

b. Remplacer les termes en italiques par *lui, à lui* ou *y* selon le cas.
(1) Nous ne nous attendions pas *à cet affront.*
(2) Songez donc *à ce qui pourrait arriver.*
(3) Mais vous ne pensez pas sérieusement *à une chose pareille!*
(4) Elle ne peut s'empêcher de penser *à son ami.*
(5) Qui se frotte *à cela,* se pique *à cela.*
(6) Dans l'armée, on doit obéir *aux ordres reçus.*
(7) Je ne puis résister *à cette tentation.*
(8) Prenez garde *à ce virage,* il est dangereux.
(9) Résistez *à l'envahisseur.*
(10) Payez l'addition *au garçon.*
(11) Adressez-vous *au doyen de la faculté.*
(12) Faites attention *à ce qu'on vous dit.*

4. Eviter les expressions peu élégantes: telles que *à l'aide de, au moyen de, en se servant de.* Employer à la place la préposition convenable *de* ou *avec* (cf. Appendice V: L'Emploi des prépositions, XIV).

Modèles: Il l'étourdit d'un coup de ringard.
Il l'étourdit avec un ringard.

a. Il le frappa _____ un coup de batôn.
b. Il renvoya la balle _____ sa raquette.
c. Elle le suivit _____ yeux.
d. Je lui fis signe _____ un geste de la main.
e. Il frappa le ballon _____ pied gauche.
f. Elle biffa sa phrase _____ un geste de rage.
g. Il accepta _____ un signe de tête.
h. L'astronome observait les étoiles _____ un télescope.
i. Il considérait la jeune fille _____ un œil timide.
j. L'enfant se dirigeait vers l'école _____ un bon pas.
k. L'explorateur se frayait son chemin _____ une machette.
l. L'automobiliste changea de file _____ un coup de volant.
m. Il m'écoutait, mais _____ une oreille distraite.

     n. Il brisa la vitre _____ un caillou.

     o. Il écrivait cette lettre _____ un stylo à bille.

5. Remplacer les conjonctions passe-partout *quand* et *lorsque* par les conjonctions suivantes qui explicitent plus précisément la relation temporelle.

   à l'époque où   au moment où   toutes les fois que

   à l'instant même où   chaque fois que   si

   après que (2 fois)   pendant que

Modèle: *Lorsque* son beau-père fut assis, Duvilé vint à lui.

           Après que son beau-père fut assis, Duvilé vint à lui.

     a. *Quand* il venait la voir, il lui apportait des fleurs.

     b. Cette fois-là, *lorsque* le chien le vit approcher, il se mit à aboyer.

     c. *Quand* vivait Jeanne d'Arc, la France traversait des années critiques.

     d. *Lorsqu'* il eut englouti son cognac, il en commanda un autre.

     e. *Quand* par hasard j'ai des difficultés, je lui demande son aide.

     f. *Lorsqu'* il voyait arriver sa belle-mère, il s'esquivait.

     g. *Quand* ils se virent, ce fut le coup de foudre.

     h. *Lorsqu'* il se fut échappé de l'appartement, il dévala les étages au galop.

     i. *Quand* il se prélassait dans son lit, elle vaquait aux soins du ménage.

6. Dans les phrases suivantes, remplacer le verbe et l'adverbe par un verbe plus descriptif tiré de la liste suivante.

    affubler   écarquiller   guetter

    assener   entrevoir   se planter

    bousculer   s'évader   se précipiter

    courir   flanquer   ricaner

    détaler   franchir   saisir

    dévaler   frôler   singer

    dévorer   se glisser   se trémousser

Modèle: Il *descendit* les étages *à toute vitesse.*

           Il dévala les étages.

     a. Le clochard *mangeait avidement* son morceau de pain.

     b. En s'enfuyant, il me *toucha légèrement.*

     c. Il *courut rapidement* vers moi en *poussant violemment* les passants.

     d. Elle lui *prit brusquement* la main et d'une prise de judo le *jeta rudement* par terre.

     e. Le voleur *pénétra furtivement* dans la banque et *donna brutalement* au garde un coup de matraque.

f. *A l'insu de ses gardes* il *s'échappa* du camp de concentration et *courut péniblement* la distance qui le séparait de la frontière.

g. Il *s'arrêta subitement* devant le commissaire et se mit à *rire méchamment*.

h. *Vêtue ridiculement* d'une mini-jupe écarlate, la grosse Margot *dansait grotesquement* aux accords dissonants d'une boîte à musique.

i. A cet étrange spectacle, les spectateurs *ouvraient tout grands* les yeux.

j. Elle *fréquentait assidûment* les maisons de couture, *imitant maladroitement* les élégantes.

k. Apercevant ses créanciers qui *l'attendaient pour le surprendre* à sa porte, il fit volte-face et *s'enfuit rapidement*.

l. Il *voyait* déjà *vaguement* la solution du problème.

Plan et vocabulaire: *La Narration: L'Anecdote*

La narration comportant [*includes*] nécessairement des éléments de description, l'étudiant devra se reporter aux chapitres de la description et du portrait.

I. INTRODUCTION

Dans l'anecdote, l'introduction doit être très courte et donner le plus brièvement possible les détails nécessaires au déroulement du récit. Les sujets d'anecdote pouvant varier à l'infini, nous nous bornerons ici à citer certaines expressions passe-partout: [*we will limit ourselves*]

A. Temps
ce jour (matin, soir)-là

il y avait une fois, il était une fois

à cette époque (-là), à l'époque où (débute, se passe, se déroule, etc. cette histoire)

un jour (matin, après-midi)

(par) un (beau) *jour* de septembre, d'été (aspect ponctuel)

(par) une (belle) *journée* ensoleillée de septembre (aspect duratif)

(par) une nuit sans lune

figurez-vous qu'un jour (soir, etc.)

imaginez (-vous) qu'un jour (soir, etc.)

B. Lieu
à Paris, en France, aux Etats-Unis

dans une petite ville

au (beau) milieu de la chaussée

76

PLAN ET VOCABULAIRE

au faîte d'un arbre *top*

sous un soleil de plomb, sous une pluie battante

à une fenêtre

C. Circonstances de l'action

imaginez-vous un vieux clochard *beggar*

il y avait (à Paris) un vieux clochard qui

attablé à la terrasse d'un café *sitting*

affalé sur le trottoir *Stretched out*

accoudé au comptoir *leaning* *counter*

les deux pieds sur la table, mastiquant son chewing-gum

en rentrant du théâtre

à la sortie du cinéma

D. Verbes

le narrateur   voit, aperçoit, distingue, note, remarque

                         entend

                         sent

II. LE DÉVELOPPEMENT

Etant donné la diversité des sujets, nous ne citerons que des formules de transition, de temps et d'opposition, ainsi que certains verbes de mouvement.

A. Temps

1. *Antériorité :*

l'avant-veille, deux jours avant, deux jours plus tôt *2 days by*

la veille, le jour précédent

ces derniers temps, ces jours-ci

au premier abord, à première vue, tout d'abord

après que, dès que, aussitôt que, à peine (eut-il) . . . que

quand, lorsque

sur le point de (+ infinitif)

2. *Simultanéité :*

ce jour-là, cette fois-là

en même temps, à la fois

au moment (même) où, à l'instant (précis) où

au moment de (+ infinitif)

quand, lorsque

tandis que, pendant que, comme

à mesure que, chaque fois que

durant, pendant, au cours de

maintenant, en ce moment, à ce moment-là, alors

3. *Postériorité :*

le lendemain, le jour suivant *[handwritten: Next day]*

[handwritten: 2nd day after / a day later] _le surlendemain,_ deux jours après (plus tard)

puis, ensuite, et puis, et ensuite, enfin, finalement

avant que

à la suite de

soudain, tout à coup

B. Lieu

Le lieu ayant une valeur plus descriptive que narrative, on voudra bien se reporter aux Plans et Vocabulaires des Chapitres quatre et six.

C. Opposition

alors que

pourtant, cependant, toutefois, néanmoins *[handwritten: nevertheless]*

au contraire

par contre

quant à (moi, lui, son frère, celui de, etc.)

D. Verbes

s'approcher (de) ⎫
s'avancer (vers, à la ⎬ sans bruit, en tapinois, à pas (lourds, menus *[handwritten: small tiny]*,
  rencontre de) ⎭   lents)

se précipiter (sur, dans) ⎫
se ruer (sur, dans) ⎪
faire irruption (dans) ⎬ brusquement, soudainement
surgir ⎭

s'éloigner (de) ⎫
s'enfuir (de) ⎪
s'échapper (de) ⎪ *[handwritten: slyly / stealthily]*
s'évader (de) ⎬ sans bruit, en tapinois
détaler ⎪
prendre ses jambes à ⎪
  son cou (fam.) ⎭

descendre (de) ⎫
dévaler ⎬ au galop, (l'escalier) quatre à quatre, en trombe, à
dégringoler (fam.) ⎭ toute vitesse, etc.

monter (sur, dans, à) ⎫
grimper (sur, dans, à) ⎬ (l'escalier) quatre à quatre, à toute vitesse,
gravir ⎭   péniblement

III. LA CONCLUSION

La conclusion d'une anecdote, dépendant du sujet, sera laissée à l'initiative de l'étudiant. Toutefois, puisqu'elle met un point final au récit, elle devra être d'une extrême brièveté.

Exercices de style

1. Compléter les phrases ci-dessous à l'aide des expressions suivantes. N'employer qu'une seule fois chaque expression.

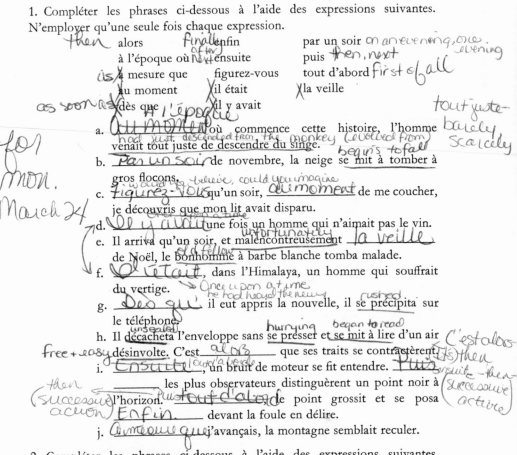

alors enfin par un soir
à l'époque où ensuite puis
à mesure que figurez-vous tout d'abord
au moment il était la veille
dès que il y avait

a. _____ où commence cette histoire, l'homme venait tout juste de descendre du singe.

b. _____ de novembre, la neige se mit à tomber à gros flocons.

c. _____ qu'un soir, _____ de me coucher, je découvris que mon lit avait disparu.

d. _____ une fois un homme qui n'aimait pas le vin.

e. Il arriva qu'un soir, et malencontreusement _____ de Noël, le bonhomme à barbe blanche tomba malade.

f. _____, dans l'Himalaya, un homme qui souffrait du vertige.

g. _____ il eut appris la nouvelle, il se précipita sur le téléphone.

h. Il décacheta l'enveloppe sans se presser et se mit à lire d'un air désinvolte. C'est _____ que ses traits se contractèrent.

i. _____, un bruit de moteur se fit entendre. _____ les plus observateurs distinguèrent un point noir à l'horizon. _____ le point grossit et se posa _____ devant la foule en délire.

j. _____ j'avançais, la montagne semblait reculer.

2. Compléter les phrases ci-dessous à l'aide des expressions suivantes. N'employer qu'une seule fois chaque expression.

à la fois à première vue comme
à la suite au début soudain
à l'instant même au cours sur le point
alors au moment tout à coup
à peine chaque fois

a. L'air se faisait plus pesant. La nature entière, silencieuse et craintive, paraissait attendre. _____ un éclair sillonna le ciel.

b. C'est _____ d'un accident d'automobile qu'il trouva la mort.

c. Depuis notre dispute, _____ qu'il me voyait, il changeait de trottoir.

d. _____ il n'avait rien à dire, il se tut.

e. J'étais _____ de sortir, lorsque la sonnette retentit.

f. Il avait amassé sa fortune _____ qu'il était encore jeune.

g. _____ de l'année suivante, la situation s'aggrava.

h. _____ fut-il sorti qu'on le demanda au téléphone.

i. Devant ce silence désespérant, le maître s'écria: "Ne parlez pas tous _____."

j. _____ ce tableau paraissait authentique. Mais, à y regarder de plus près, point n'était besoin d'être expert pour déceler la supercherie.

k. _____ où le dictateur se levait pour prononcer son discours, un coup de feu éclata _____ et un vent de panique parcourut l'assistance.

l. _____ de ce siècle, éclata la première guerre mondiale.

m. _____ de commencer cette histoire, je me sens envahi d'une vague de tristesse.

3. Compléter les phrases ci-dessous à l'aide des expressions suivantes. N'employer qu'une seule fois chaque expression.

whereas — alors que — malgré — par contre *on the contrary*
au contraire — même — pour ma part *for my part*
although bien que — même si — quant à *as far*
in spite of en dépit — *as far as*
repulsive ugliness

a. L'homme était d'une laideur repoussante. *au contraire* ses yeux reflétaient une bonté qui faisait oublier cette erreur de la nature.

b. Don Quichotte se nourrissait de rêves fantastiques. *par contre* la tête de Sancho Pança était pleine de bon sens terre à terre. *down to earth*

c. Giton était riche *alors que* Phédon était pauvre.

d. "Vous rédigez vos compositions _____ du bon sens", s'exclama le professeur.

e. On raconte partout que la guerre aurait cessé. *pour ma part*, je n'y crois pas.

f. _____ pauvre, il trouvait toujours le moyen de s'offrir une bonne bouteille.

g. _____ ses airs austères, il n'en célébrait pas moins, dans la plus stricte intimité, le culte de Bacchus.

h. _____ il ne fût pas loin de midi, il déambulait dans le métro en smoking. *strolled along*

i. Elle fréquentait les maisons de couture. _____ lui, il éprouvait un attrait irrésistible pour les boîtes de nuit.

j. *Même o'* il avait été sobre, il n'aurait pas pu éviter cet accident.

4. Mettre les passages suivants au passé en remplaçant les expressions de temps en italiques par celles qui conviennent et en effectuant les changements verbaux qui s'imposent.

a. Je dois me présenter *aujourd'hui* à mon examen de littérature. J'ai passé tout mon temps *hier* à réviser le classicisme et, bien que je sois prêt, j'aimerais cependant n'affronter que *demain* cette horrible épreuve.

b. J'ai reçu *ce matin* une lettre de mon ami, postée *avant-hier*. Il désire savoir si je peux le rejoindre à Chicago *après-demain*. Je m'empresse donc de lui répondre *maintenant* que c'est avec joie que j'accepte son invitation.

5. Éviter, dans les phrases ci-dessous, le verbe *avoir* en employant un verbe plus descriptif tiré de la liste suivante.

arborer	jouer	occuper
bercer	jouir de	porter
caresser	manifester	remporter
entretenir	mener	revêtir
éprouver	montrer	tenir
exercer		

Modèle: Il manifesta le désir de boire le commissaire.

a. Le jeune homme _____ l'espoir de la revoir.

b. Il ~~montre~~ *éprove* du chagrin en apprenant la nouvelle.

c. Dans cette situation, Félicité *entretien* un très grand sang-froid. *caresse*

d. Jeune, il ~~~~ d'illusions sur la vie.

e. Cette cérémonie *montre* un caractère officiel.

f. Tout homme *tien* un nom.

g. Il *arbore* un immense prestige.

h. Il *exerce* une influence néfaste sur ses camarades.

i. A son premier récital, elle *jouid* un immense succès.

j. Nous ne voulons plus *exercer* cette vie d'esclavage. *mener*

81

k. Il ~~tient~~ un couteau à la main.

l. Tartuffe _____ un air de sainteté.

m. Il _____ d'excellents rapports avec ses voisins.

n. Cet homme _____ un poste d'importance.

o. Mirabeau _____ un grand rôle dans la Révolution Française.

6. Eviter, dans les phrases ci-dessous, le verbe *donner*. Employer à la place un verbe plus descriptif tiré de la liste suivante.

accorder	distribuer	présenter
avancer	émettre	procurer
communiquer	fournir	prodiguer
conférer	infliger	recommander
consacrer	lancer	révéler
décerner	offrir	tendre
décharger	porter	verser

Modèle: Il lui déchargea sur le col un bon coup de tisonnier.

a. Il _____ son opinion d'un ton calme et sûr de lui.

b. On _____ une récompense à l'enfant qui avait rapporté le portefeuille.

c. Il s'inclina devant elle et lui _____ ses respects.

d. Il lui _____ la main en signe d'amitié.

e. Avant l'atterrissage, l'hôtesse de l'air _____ parfois du chewing-gum aux passagers.

f. Le président se leva enfin pour _____ les diplômes.

g. On lui _____ le premier prix d'anglais.

h. Ne _____ que des punitions qui soient méritées.

i. Avant de mourir, le chevalier _____ son âme à Dieu.

j. Il est toujours prêt à _____ ses conseils sans qu'on les lui demande.

k. Il _____ à son fils une bicyclette pour son anniversaire.

l. Louis Pasteur _____ sa vie à la science.

m. Elle nous _____ des nouvelles de son père.

n. Elle lui _____ un coup d'œil désapprobateur.

o. Si vous venez nous voir, on vous _____ du travail.

p. Je n'ai à vous _____ aucune explication.

q. Il disparut sans _____ son identité.

r. A la caisse, on pouvait lire: "Pour tout achat à crédit, prière de _____ des arrhes."

s. Dès son arrivée, la bonne lui _____ un siège.

t. Il se leva et _____ un toast au succès de l'entreprise.

7. Eviter, dans les phrases ci-dessous, le verbe *faire*. Employer, à la place un verbe plus descriptif tiré de la liste suivante.

adresser	exprimer	opposer
amasser	former	ouvrir
causer	formuler	pousser
commettre	s'imposer	présenter
contracter	jouer	prononcer
se dérouler	lancer	rouler
entreprendre	opérer	soulever

Modèle: Un bourgogne râblé et une fine bouteille d'Alsace <u>formaient</u> un couple charmant.

a. Il la rattrapa pour lui _____ ses excuses.

b. J'ai bien peur qu'on ne _____ des objections.

c. Qui n'aimerait _____ un voyage autour du monde.

d. Cette nouvelle lui _____ un immense chagrin.

e. Il _____ un cri de douleur.

f. Seuls les fainéants ne _____ point d'erreurs.

g. Balzac passa sa vie à _____ des dettes.

h. Dieu _____ moins de miracles aujourd'hui qu'au Moyen Age.

i. Le cowboy mit pied à terre et _____ une cigarette.

j. Son oncle _____ une immense fortune au Pérou.

k. Il s'approcha de lui pour lui _____ un mauvais tour.

l. A son grand étonnement, on lui _____ une vive résistance.

m. Devant ce spectacle inattendu, je _____ des yeux ronds.

n. Le banquet _____ dans la plus grande euphorie.

o. Ses parents n'hésitèrent pas à _____ de nombreux sacrifices.

p. Le maire se leva enfin pour _____ son discours.

q. Il est inutile de lui _____ tant de reproches.

r. Un jeune voyou me barra la route en _____ des menaces.

s. Il _____ le vœu que vous réussissiez.

t. Rastignac _____ le souhait de s'enrichir.

Thème d'imitation

Raconter, sous forme d'anecdote, un incident dont vous avez été témoin.

Describe

CHAPITRE DOUZE

Exercices

sur la mise en relief

LIRE: *Appendice X*

Textes modèles

Ce sont les lapins[1] qui ont été étonnés. . . .

. . .

Beau saint Pierre,[2] vous qui tenez le grand-livre et la clé, pourriez-vous me dire si je ne suis pas trop curieux, combien vous avez de Cucugnanais en paradis.

. . .

Dans la vie de maître Cornille il y avait quelque chose[3] qui n'était pas clair.

. . .

Un jour que sa Sainteté se promenait toute seule sous les remparts avec sa bête, voilà mon Tistet[4] qui l'aborde.

. . .

Quelqu'un de très étonné aussi, en me voyant, c'est le locataire[5] du premier.

. . .

Mais alors, crie-t-il, d'être Dauphin[6] ce n'est rien du tout.

. . .

Maurice les aimait tant les cerises.[7]

. . .

C'est là qu'il y en avait de l'herbe.[8]

. . .

84

Et maintenant, comment voulez-vous que je le regrette, votre Paris[9] bruyant et noir?

. . .

C'est de là[10] que je vous écris, ma porte grande ouverte au bon soleil.

. . .

Les chèvres,[11] il leur faut du large.

. . .

Mais qu'est-ce qu'on leur a donc fait à mes chèvres?[12]

. . .

Pensez donc! il y a si longtemps[13] qu'il ne s'est rien mis sous la dent.

(ALPHONSE DAUDET, *Lettres de mon moulin*)

C'est à moi[14] qu'il appartient de dire la vérité.

(VOLTAIRE, *Le Siècle de Louis XIV*)

C'est par orgueil[15] que nous sommes polis.

(MONTESQUIEU, *Esprit des lois*)

ANALYSE

1. lapins	Mise en relief du sujet par la forme la plus usuelle: "Ce sont... qui." La structure normale aurait été: Les lapins ont été étonnés.
2. saint Pierre	Mise en relief du sujet par la simple répétition. La structure normale aurait été: Beau saint Pierre qui tenez. . . . Cette mise en relief est courante dans l'invocation.
3. quelque chose	Mise en relief du sujet à l'aide de "il y avait... qui" exprimant la réalité, l'existence. La forme normale serait: quelque chose n'était pas clair.
4. Tistet	Mise en relief du sujet à l'aide de "voilà... qui". "Voilà" présente visuellement le personnage en question. La structure normale serait: . . . mon Tistet l'aborde.
5. locataire	Ici la mise en relief est complexe car nous avons une double mise en relief du *sujet* et de l'*attribut*, la phrase normale étant: Le locataire du premier fut très étonné. . . . La meilleure traduction serait d'ailleurs: "*Very much surprised indeed upon seeing me was the second floor tenant*".
6. être Dauphin	Mise en relief de l'infinitif sujet à l'aide de "ce" et de "de". La phrase normale serait: . . . être Dauphin n'est rien.
7. cerises	Mise en relief du complément d'objet direct par la simple reprise par le pronom.

85

8. herbe   Double mise en relief du partitif par " en " et du complément constanciel par " c'est . . . que ". La phrase normale serait: Il y avait de l'herbe là.

9. Paris   Mise en relief du complément direct par la simple reprise par " le ". La phrase normale est: . . . comment voulez-vous que je regrette votre Paris. . . ?

10. là   Mise en relief du complément circonstanciel de lieu à l'aide de " c'est . . . que ". La structure normale serait: Je vous écris de là. . . .

11. chèvres   Mise en relief du complément indirect par la simple répétition à l'aide du pronom " leur ". La structure normale serait: Il faut du large aux chèvres.

12. chèvres   Même exemple que le précédent, mais ici " leur " annonce le nom alors qu'au no. 11 il le reprend. La phrase normale serait: Mais qu'est-ce qu'on a donc fait à mes chèvres?

13. longtemps   Mise en relief du complément circonstanciel de temps par " il y a . . . que ". La forme ordinaire serait: . . . il ne s'est rien mis sous la dent depuis longtemps.

14. moi   Mise en relief du complément indirect à l'aide de " c'est . . . que ". La forme normale serait: Il m'appartient de dire la vérité à moi.

15. orgueil   Mise en relief du complément circonstanciel d'origine par " c'est . . . que ". La forme normale serait: Nous sommes polis par orgueil.

Exercices

1. Mettre en relief les termes en italiques en employant *c'est*.
   a. On voit le maçon *au pied du mur*.
   b. *L'hôpital* se moque de la charité.
   c. On devient forgeron *en forgeant*.
   d. Je le revis *d'Avranches*, au soleil couchant.
   e. *Je* le revis d'Avranches au soleil couchant.
   f. J'allai vers elle *le lendemain*.
   g. Dick pense *à l'avenir*.
   h. Une telle décision ne se prend *pas sans douleur*.
   i. Il s'agit *maintenant* de faire attention.
   j. Elle frémissait *de colère*.
   k. *Ils* en furent stupéfaits.
   l. Un diplôme ne s'obtient *pas sans efforts*.
   m. Il franchit, *non sans appréhension*, le portail du collège.

n. *Une nouvelle vie* commence.

o. Vous *me* parlez sur ce ton!

2. Mettre en relief *par la simple répétition* les termes en italiques.

Modèle: Comme *ce petit* embrassait!
Comme il embrassait, ce petit!

a. Comme *ce paysage* est beau!

b. *J'ai* moins peur des examens qu'avant.

c. *Cette nouvelle* est navrante.

d. On doit le respect *à ses parents*.

e. *Un roi* est comme un grand arbre.

f. *Ce rythme* me plaît beaucoup.

g. J'étais gêné *de son attitude*.

h. Je suis entré *dans la maison* de Mᵉ Ceyssac.

i. J'avais enfin atteint *mon idéal*.

j. Je n'avais pas encore vu *la mer*.

k. *Rire* est le propre de l'homme.

l. J'étais toujours *triste*.

m. Je parie que vous ne scrutez pas assez *la relation*.

n. C'était une *vaste* maison.

o. Il y a d'autres *Annapurna* dans la vie des hommes.

3. Mettre en relief l'attribut de l'infinitif de trois manières différentes.

Modèle: horrible; calomnier son prochain
(1) Calomnier son prochain, c'est horrible.
(2) Il est horrible de calomnier son prochain.
(3) C'est une horreur (que) de calomnier son prochain.

a. honteux; agir de la sorte

b. injuste; l'avoir condamné

c. réconfortant; avoir un ami sincère

d. réjouissant; être enfin en vacances

e. abominable; d'exterminer un peuple

4. Mettre en relief au moyen d'*une locution prépositive* les termes en italiques.

Modèle: Je vous crois.
Quant à moi, je vous crois.

a. *Dick* n'est pas de cette génération-là.

b. Il était toujours plein de réserve, et *j'*étais toujours triste.

87

    c. C'est *une grande justice*!

    d. Voilà *mes objections*.

    e. Il a commis *une erreur*.

    f. *Le malheureux* poussa un hurlement.

    g. *La liberté* est un trésor sur lequel nous vivrons.

    h. Le malheureux poussa *un hurlement*.

    i. C'était *un acte gratuit*.

    j. Cet acte était *gratuit*.

5. Répondre aux questions suivantes par une phrase complète. (Attention au mode de la réponse!)

> *Modèle:* A qui venez-vous de parler? (son beau-père)
> C'est à son beau-père que je viens de parler.

    a. Qui a découvert l'Amérique? (Christophe Colomb)

    b. Qu'est-ce qui a développé la littérature? (l'imprimerie)

    c. Qu'est-ce qui fait la force? (l'union)

    d. Quel poète vous plaît le plus? (————)

    e. Est-ce vous qui osez me parler ainsi? (oui)

    f. Quel est le héros que vous admirez le plus? (————)

    g. Y aurait-il un mot qui vous ait choqué? (oui)

    h. Y a-t-il une langue que vous ne sachiez point? (oui . . . beaucoup)

    i. Y a-t-il longtemps que vous êtes à l'université? (non . . . un an)

    j. Qu'est-ce qui est pour vous une rude épreuve? (la rentrée des classes)

6. Relier les deux phrases en employant: *voilà, il y a, c'est . . . qui* (*que*, etc.), selon le cas. Effectuer les changements qui s'imposent.

> *Modèle:* Un ami est ici. Il veut vous voir.
> Il y a un ami qui veut vous voir.

    a. Un monsieur vient d'arriver. Il voudrait vous voir.

    b. Vous voyez ce monsieur. Il m'a parlé de vous.

    c. Jean est hypocrite. Paul ne l'est pas.

    d. Des gens existent. Ces gens n'ont aucun tact.

    e. Regardez ces gens. Ils n'ont aucun tact.

    f. Contemplez ces tableaux. Je vous en ai déjà parlé.

    g. Connaissez-vous Ben Franklin? Il a inventé le paratonnerre.

    h. Permettez-moi de vous présenter M. Un tel. Il est des nôtres, ce soir.

     i. Un mois s'est écoulé. Je ne les ai pas encore vus.

     j. Cet élève a travaillé. Aussi a-t-il réussi.

7. Répondre aux questions suivantes en mettant en relief les mots en italiques.

   Modèle: Que voulez-vous donc? (*la tranquillité*)
          <u>Ce</u> que je veux, <u>c'est</u> la tranquillité.

     a. De quoi donc s'agit-il? (*politique*)
     b. Vient-il seulement d'arriver ? (*longtemps*)
     c. A-t-il *de la chance*? (oui)
     d. Qu'est-ce que *vous* auriez fait à ma place? (*cela*)
     e. Aimeriez-*vous* aller *en* Floride? (oui)
     f. Et *vous*, où avez-vous rencontré *votre femme*? (*à Paris*)
     g. Avez-*vous* jamais mangé *du cheval*? (non)
     h. A quelle heure devez-vous *le* voir? (*7 heures*)
     i. Quelle *belle voix*, n'est-ce pas? (oui)
     j. *Quelqu'un* est-il venu me voir? (non)
     k. Que pensez-*vous* de *ces exercices*? (———)

CHAPITRE TREIZE

Le Dialogue

Etude de verbes

Réviser les verbes suivants à tous les temps de l'indicatif, du subjonctif et du conditionnel:

s'asseoir, croire, falloir, lire, plaire, pouvoir, recevoir, reconnaître, vouloir

Texte modèle

J'ai un ami, Monsieur, vous ne le croiriez pas, qui est Miglionnaire. Il est intelligent aussi. Il s'est dit: une action gratuite? comment faire? Et comprenez qu'il ne faut pas entendre là une action qui ne rapporte rien, car sans cela . . . Non, mais gratuit: un acte qui n'est motivé par rien. Comprenez-vous? intérêt, passion, rien. L'acte désintéressé; né de soi; l'acte aussi sans but; donc sans maître; l'acte libre; l'Acte autochtone?

— Hein? fit Prométhée.

— Suivez-moi bien, dit le garçon. Mon ami descend, le matin, avec, sur lui, un billet de cinq cents francs dans une enveloppe et une gifle prête dans sa main.

Il s'agit de trouver quelqu'un sans le choisir. Donc, dans la rue, il laisse tomber son mouchoir, et, à celui qui le ramasse (débonnaire puisqu'il a ramassé), le Miglionnaire:

— Pardon, Monsieur, vous ne connaîtriez pas quelqu'un?

L'autre: — Si, plusieurs.

Le Miglionnaire: — Alors, Monsieur, vous aurez je pense l'obligeance d'écrire son nom sur cette enveloppe; voici des plumes, de l'encre, du crayon . . .

90

L'autre écrit comme un débonnaire, puis: — Maintenant, m'expliquerez-vous, Monsieur . . .?

Le Miglionnaire répond: — C'est par principe; puis (j'ai oublié de dire qu'il est très fort) lui colle sur la joue le soufflet qu'il avait en main: puis hèle un fiacre et disparaît.

Comprenez-vous? deux actions gratuites d'un seul coup: ce billet de cinq cents francs à une adresse pas choisie par lui, et une gifle à quelqu'un qui s'est choisi tout seul, pour lui ramasser son mouchoir. — Non! mais est-ce assez gratuit? Et la relation! Je parie que vous ne scrutez pas assez la relation. Car, parce que l'acte est gratuit, il est ce que nous appelons ici: réversible. Un qui a reçu cinq cents francs pour un soufflet, l'autre qui a reçu un soufflet pour cinq cents francs . . ., et puis on ne sait plus . . . on s'y perd.

(ANDRÉ GIDE, *Le Prométhée mal enchaîné*)

EXERCICES

1. Analyser les infinitifs du passage. (Cf. Appendice VII).
2. Donner, dans le contexte, un synonyme des mots suivants: entendre, motivé, suivez-moi bien, écrire, héler, d'un seul coup, tout seul, relation, scruter.
3. Expliquer les mots ou expressions suivants: qui ne rapporte rien, un débonnaire, on s'y perd, un acte gratuit.
4. Donner un antonyme des mots suivants: intelligent, disparaître, (action) gratuite, réversible, savoir.
5. Donner *un adjectif* de la famille de: ami, action, main; *deux verbes* de la famille de: action, libre, main, adresse; *un nom* de la famille de: croire, motiver, né, suivre, oublier, disparaître, recevoir, perdre.
6. Exprimer la phrase: "Vous aurez l'obligeance d'écrire son nom" de différentes manières en indiquant les diverses nuances de politesse (par ordre croissant ou décroissant d'intensité).
7. Compléter l'idée sous-entendue dans la phrase ". . ., car sans cela . . ." (cf. paragraphe 1).
8. Quel est dans ce passage le dessein de l'auteur?
9. Le nom de Prométhée vous est-il familier? En quoi ce nom se rapporte-t-il au sujet de l'histoire?

Exercices d'expansion

1. *Les pronoms possessifs* his, her, their, *présentent en anglais des sens différents. Pour les rendre en français, diverses constructions s'imposent selon le cas.* D'après les modèles suivants et après analyse, compléter les phrases ci-dessous (cf. Appendice III: L'Article défini II D).

Modèles: Il lui ramasse son mouchoir.

Elle lave son linge.

Elle se lave les mains.

Elle lui lave les mains.

a. Il *se* coupa *le* doigt en pelant une pomme.

b. Il ___ lave *sa* voiture chaque semaine.

c. Comme cet enfant est trop jeune, sa mère *lui* brosse encore *les* dents.

d. Je suis allé le trouver pour ___ demander *son* avis.

e. Il s'avança vers lui et *lui* serra *la* main.

f. Arrivée au bureau d'immigration, elle dut ___ présenter *son* passeport.

g. Il faut ___ cirer *les* chaussures, si l'on veut être présentable.

h. On risque de ___ mordre *la* langue, si on mange trop vite.

i. On doit ___ enlever *les* chaussures avant de pénétrer dans une mosquée.

j. Il aime qu'on *lui* frotte *le* dos quand il prend un bain. *le*

k. Le médecin s'assit au chevet du malade et *lui* prit *le* pouls.

l. Puisqu'il ne se sent pas bien, prenez ___ *sa* température.

m. S'arrêtant devant le jeune homme, elle *lui* tendit *sa* main *la* à baiser.

n. Elle est blonde maintenant. Elle vient de *s'* oxygéner *les* cheveux.

o. Bien qu'ayant un chauffeur, il *se* conduit lui-même *sa* voiture.

2. Effectuer, d'après les modèles suivants que vous analyserez au préalable, les changements syntaxiques qui s'imposent (cf. Appendice III: L'Article défini II D).

Modèles: Il ramassa le mouchoir du miglionnaire.

Il lui ramassa son mouchoir.

Elle lava les mains de son fils.

Elle lui lava les mains.

a. Il prit le bras de sa femme.

b. Le tailleur prit les mesures de son client.

c. Le vendeur demanda la pointure du client.

d. Les révolutionnaires coupèrent la tête de Louis XVI.

e. Le jeune homme emprunta la voiture de son père.

f. Le mousquetaire transperça la poitrine de son adversaire.

g. La cornemuse écorchait les oreilles des auditeurs.

h. La femme inspecta les poches de son mari.

EXERCICES D'EXPANSION

      i. Le dentiste examina les dents de son client.

      j. Le père, irrité, tondit les cheveux longs de son fils.

3. *En anglais, les pronoms, adjectifs et adverbes indéfinis* any, anybody, anyone, anything, anytime, anywhere, *etc., présentent chacun, selon le contexte, des sens différents. Au contraire, la langue française, pour rendre les mêmes nuances, dispose d'un plus grand nombre d'expressions, ce qui rend la tâche de l'étudiant de langue anglaise plus ardue et l'analyse nécessaire.*

    a. Dans cet exercice, compléter les phrases ci-dessous au moyen des expressions suivantes. (Réviser les pronoms, adjectifs et adverbes indéfinis dans votre grammaire habituelle.)

n'importe lequel	personne	qui que ce soit
n'importe quel	quelque chose	quoi que ce soit
n'importe qui	quelqu'un	rien
n'importe quoi	quiconque	

Modèles: Vous ne connaîtriez pas quelqu'un?

      Il s'agit de trouver quelqu'un.

      Une action qui ne rapporte rien.

  (1) Je ne connais _____ qui puisse vous aider.

  (2) Avez-vous jamais _____ vu d'aussi beau? Quel paysage!

  (3) Que voulait cette dame? Vous a-t-elle demandé _____ _____?

  (4) Pour les timbres-poste, adressez-vous à _____ guichet.

      A _____, vous êtes sûr?

  (5) A _____ me demandera, répondez que je suis sorti.

  (6) Quand on lui pose une question, elle répond toujours _____. Elle ferait bien de réfléchir un peu, tout de même!

  (7) _____ que vous ayez vu, vous ne savez absolument rien. C'est bien compris?

  (8) Elle n'est pas difficile; elle sort avec _____.

  (9) Avez-vous parlé à _____ de haut placé comme je vous l'avais conseillé? Non, car je ne connais _____ au ministère.

 (10) Cette robe ne me plaît pas trop. Auriez-vous _____ de plus habillé?

 (11) N'auriez-vous pas, par hasard, croisé _____ dans l'escalier? Non, je n'ai vu _____.

 (12) _____ veut tuer son chien l'accuse de la rage.

(13) Il ne faut jamais jurer de _____.

(14) _____ vit par l'épée, périra par l'épée.

   b. Compléter les phrases ci-dessous au moyen des expressions suivantes.

à n'importe quelle heure   n'importe comment   où
à n'importe quelle époque   n'importe où   où que
chaque fois que   n'importe quand   quand
longtemps   nulle part

Modèle: Venez n'importe quand, vous serez le bienvenu.

   (1) Cela ne prendra pas _____, c'est l'affaire d'un instant.

   (2) Je veux bien résider _____ pourvu qu'on me procure un emploi lucratif.

   (3) Ah, comme j'aimerais aller _____ bon me semble!

   (4) Venez donc _____ vous le voulez.

   (5) Il ne va jamais _____: il aime bien trop ses pantoufles.

   (6) On peut s'y rendre à _____: l'établissement ne ferme jamais.

   (7) _____ je me prépare à sortir, il me vient un visiteur.

   (8) _____ vous soyez, n'ayez crainte, je saurai bien vous trouver.

   (9) C'est un dilettante, il fait toujours ses devoirs _____, _____, _____!

  (10) Le subjectivisme se rencontre à _____ de la littérature.

Plan et vocabulaire: *Le Dialogue*

I. L'INTRODUCTION

Un dialogue, pouvant débuter comme une narration et utiliser les mêmes termes, on se reportera au Chapitre onze: Plan et Vocabulaire.

II. LE DÉVELOPPEMENT

En français, les changements d'interlocuteurs sont marqués par un tiret et parfois par un verbe déclaratif, dont le sujet est inversé, formant une proposition incise.

Le vocabulaire du développement comprendra des verbes de déclaration ainsi que des interjections souvent employées dans le dialogue.

PLAN ET VOCABULAIRE

A. Verbes déclaratifs

dire

faire, déclarer, affirmer, annoncer, exposer, proclamer

lancer, s'écrier, s'exclamer

balbutier, bredouiller, sangloter

répéter, ajouter

répondre

répliquer, repartir

objecter, riposter, rétorquer

B. Interjections amenées par la situation

douleur *pain*   aïe!

soulagement *relief, comfort*   ouf!

dégoût   pouah!

distaste

dislike

chut! silence!

attention!

Je ne vous retiens pas! à la porte! allez ouste!

bon débarras!

sauve qui peut!

au secours! au feu! au voleur!

à vos souhaits, à votre santé, à la vôtre

C. Interjections affirmatives amenées par le dialogue

acceptation   (tout à fait) d'accord, c'est entendu, avec plaisir

accord: Je suis d'accord, très juste

évidence   bien sûr, bien entendu, pardi!

parbleu! (*you bet!*), et comment!

je vous crois! à qui le dites-vous! (*you can say that again!*)

ça devait arriver, il ne l'a pas volé (*he had it coming*)

ça se comprend, ça saute aux yeux, ça crève les yeux (*it's obvious*)

approbation: parfait! splendide! magnifique! sensationnel! fantastique! excellente idée!

satisfaction

félicitations   mes compliments, (mes) félicitations

chapeau (fam.) (*my hat off to . . .*)

appréhension   ça lui pend au nez (fam.) (*he is going to get it*), j'en ai (bien) peur, ça finira mal

indifférence   et puis après? et alors? (*so what?*)

je m'en moque, ça m'est égal, ça me fait une belle jambe (fam.) (*I couldn't care less*)

D. Interjections négatives amenées par le dialogue

refus   pas question! (*out of the question!*)

rien à faire (*nothing doing*)

95

ça jamais! jamais de la vie! (*over my dead body!* or *not on your life!*), impossible

contestation

à d'autres! allons donc! (*oh, come on!*)

vous plaisantez, vous voulez rire (*you must be joking*)

vous vous fichez de moi (*you must be kidding*)

taratata! (*nonsense*)

désapprobation:

    mécontentement

c'est ennuyeux, agaçant, énervant, horripilant, c'est dégoûtant, écœurant

c'est idiot

zut! mince alors! (*nuts! darn it!*)

        blâme

quelle honte (*shame on you*)

c'est honteux! (. . . *should be ashamed!*)

vous vous moquez du monde! (*you are the limit!*)

vous êtes incorrigible

vous n'en faites jamais d'autres (*you've done it again*)

je ne vous fais pas mes compliments, vous pouvez être fier (ironique)

        irritation

quoi! comment! vous dites!

ça, c'est trop fort (*this is the limit*)

non, mais dites donc! (*why, you!*)

E. Interjections neutres amenées par le dialogue

sollicitation

comment? pardon? quoi donc?

plaît-il? mais encore? (*but yet*)

eh bien? pour quoi faire? (*what for?*)

surprise

non? pas possible? tiens! (*you don't say*)

vraiment, ça par exemple!

ça alors! (*is that so!*)

incroyable! (*fantastic!*)

je n'en reviens pas (fam.) (*I can't get over it*)

ça me dépasse (*it's beyond me*)

III. LA CONCLUSION

(cf. Chapitre onze: Plan et vocabulaire)

Exercices de style

1. Transposer les phrases ci-dessous en vous inspirant des modèles suivants.

Modèles: un acte *qui n'est motivé par rien* (forme passive)
   que rien ne motive (forme active)
   gratuit (adjectif)

un acte *qui ne peut pas être prévu*
   qu'on ne peut pas prévoir
   imprévisible

a. un poète *qui n'est pas compris*
b. un jargon *qui ne peut être compris*
c. un bruit *qui ne peut être perçu*
d. une faute *qui ne peut être pardonnée*
e. une chance *qui n'est pas espérée*
f. une télévision *qui peut être portée* (à la main)
g. une eau *qui peut être bue* (sans danger)
h. un vin *qui ne peut être bu* (sans dégoût)
i. un caractère *qui est aisément influencé*
j. un courage *qui ne peut être ébranlé*
k. un rire *qui ne peut être arrêté*
l. une personne *qui peut être impressionnée*
m. un esprit *qui n'a jamais été cultivé*
n. une situation *qui peut être aisément imaginée*
o. une phrase *qui ne peut être lue*
p. un roman *qui n'a jamais été edité*
q. une attitude *qui ne peut pas être conçue* (sans stupeur)
t. un juge *qui ne peut pas être corrompu*
s. une maladie *qui ne peut être guérie*
t. une fusée *qui est guidée à longue distance*

2. Dans les phrases suivantes, éviter le verbe banal *prendre*. Employer à la place un verbe plus descriptif, plus précis, tiré de la liste suivante.

accrocher	détourner	kidnapper
adopter	embaucher	manger
appréhender	s'emparer de	ramasser
s'armer de	emprunter	se munir de
arracher	engager	saisir
choisir	s'enflammer	tirer
dérober	enlever	usurper

Modèle: Il <u>ramassa</u> le mouchoir qui était tombé.

a. Il faut savoir _____ ses amis.
b. En cas de pluie, _____ un parapluie.
c. _____ l'occasion dès qu'elle se présente.
d. Il _____ un tisonnier et déboucha son beau-père.

97

e. Après avoir acheté une Rolls-Royce, il _____ un chauffeur.

f. Le contremaître se chargea de _____ des ouvriers.

g. Les troupes ennemies _____ la ville à la faveur de la nuit.

h. Le pickpocket lui a _____ sa montre.

i. Voulez-vous _____ un morceau sur le pouce?

j. Pour se rendre à Chicago, il faut _____ la nationale 66.

k. Cette maxime est _____ de la Bible.

l. Le kleptomane a été _____ par la police.

m. Le bois sec _____ bien.

n. Le général a _____ le pouvoir à la suite d'un complot.

o. Sa perruque s'est _____ au lustre du salon.

p. Le sergent s'approcha de la sentinelle endormie et lui_____ son fusil.

q. Il lui _____ son sac à main et se perdit dans la foule.

r. Pour se venger, le domestique _____ l'enfant de son patron.

s. Si vous n'avez pas d'enfant, _____ -en un.

t. L'employé de banque a été incarcéré pour avoir _____ des fonds.

3. Dans les phrases suivantes, éviter le verbe *dire*, et employer à la place un verbe plus descriptif tiré de la liste suivante.

adresser	dévoiler	livrer
citer	exposer	mentionner
confier	fixer	réciter
conter	glisser	reconnaître
débiter	indiquer	soutenir
déclamer		

Modèle: J'ai oublié de <u>mentionner</u> qu'il est très fort.

a. Il nous _____ sans cesse des histoires à dormir debout.

b. Pourriez-vous me _____ votre date de naissance?

c. _____ -nous donc un exemple de l'emploi du subjonctif.

d. Il monta sur l'estrade pour nous _____ quelques mots.

e. Il a fini par _____ qu'il avait tort.

f. Il _____ avec véhémence avoir aperçu une soucoupe volante.

g. Cessez de nous _____ des balivernes.

h. _____ -moi votre prix et nous en discuterons.

i. Il se faufila vers moi et me _____ quelques mots à l'oreille.

98

     j. Il sait _____ ses vers avec beaucoup de naturel.

     k. Cet acteur _____ "la tirade des nez" de Cyrano avec force de gestes.

     l. Il s'étendit sur le sofa et _____ ses inquiétudes au psychanalyste.

     m. Je vous supplie de ne _____ mon secret à personne.

     n. _____ -nous votre pensée, qu'on sache à quoi s'en tenir.

     o. Le commissaire lui demanda de _____ les faits.

4. Dans les phrases ci-dessous, remplacer *dire* et *répondre* et leurs compléments adverbiaux par un verbe unique tiré de la liste suivante, qui en traduit les nuances.

affirmer	s'exclamer	répéter
ajouter	exposer	répliquer
annoncer	lancer	riposter
balbutier	objecter	sangloter
bredouiller	proclamer	
s'écrier	repartir	

Modèle: Je veux mon indépendance, me *dit* mon fils *d'un ton péremptoire.*
                Je veux mon indépendance, m'annonça mon fils.

     a. En 1776, les Etats-Unis *dirent publiquement* leur indépendance.

     b. Vous vous trompez, me *dit-il avec conviction.*

     c. *Dites*-nous *en détails* ce dont vous venez d'être témoin.

     d. On ne me la fait pas, à moi! nous *dit-il avec force et désinvolture.*

     e. Au secours! *dit-il à pleins poumons.*

     f. On vous a déjà *dit* cela *à plusieurs reprises.*

     g. Qu'avez-vous à *dire de plus* pour votre défense?

     h. Zut! voilà le prof, *dirent* les élèves, *surpris et déçus.*

     i. Je . . . je . . . je suis innocent, *dit* l'accusé *sous le coup de l'émotion.*

     j. Il *dit* des excuses *d'une voix hâtive et indistincte.*

     k. Je te demande pardon, *dit-elle en pleurant.*

     l. Je ne suis pas tout à fait d'accord avec vous sur ce point, *répondit-il à cet argument.*

     m. Voilà qui est bien dit, *répondit-il à la réponse de son élève.*

     n. Un homme bien portant est un malade qui s'ignore, *répondit* le médecin *d'une manière spirituelle.*

     o. Et vous, Monsieur, vous êtes un malappris, *répondit-il violemment.*

5. Compléter les phrases suivantes à l'aide des interjections tirées de la liste suivante qui vous semblent les mieux appropriées au contexte.

à d'autres! ~ chapeau! ~ non, mais dîtes donc
aïe! ~ chut! ~ ouf!
à la vôtre! ~ d'accord ~ pardon?
allez, ouste! ~ et puis après? ~ pouah!
au voleur! ~ il ne l'a pas volé ~ pour quoi faire?
avec plaisir ~ jamais de la vie! ~ sauve qui peut!
bon débarras! ~ je suis d'accord ~ tu peux être fier!
ça par exemple! ~ magnifique! ~ silence!
ça saute aux yeux! ~ mince alors! ~ vous vous moquez du monde

Modèles: Soyez donc des nôtres demain soir. —Avec plaisir.
Encore le dernier en français! Tu peux être fier! s'exclama le père.

a. _Silence_ ! s'écria l'instituteur. On ne s'entend plus ici.
b. Il n'a rien fait de l'année. Il s'est fait recaler à l'examen; _Il ne l'a pas volé_.
c. Vous m'avez convaincu; maintenant _allez ouste je puis d'accord_
d. _A la vôtre_, répondit-il en levant son verre.
e. _Ouf_ ! soupira-t-il, mes examens sont terminés.
f. Le raseur enfin parti, la maîtresse de maison s'écria: "Ouf! _Bon débarras_ !"
g. Lui, diplômé d'Harvard? _À d'autres_! (incrédulité)
h. Vous êtes absent un jour sur deux, _non mais dîtes_! (irritation)
i. _ça par exemple_; mais dîtes donc _Vous vous moquez du monde_
j. _Pardon_ ? Voudriez-vous répéter?
* k. Ils divorcent après 30 ans de mariage? _ça par exemple_ (surprise)
l. _Aïe_ ! s'écria-t-il, en se prenant le doigt dans la portière.
m. Il est allé à la gare? _pour quoi faire_ (simple interrogation)
n. J'ai encore fait une erreur. _mince alors_ (mécontentement)
o. _Allez ouste_ lança-t-il, et qu'on ne vous revoie plus.
p. Tu as décroché le premier prix. Eh bien, mon vieux, _chapeau_ !
q. Vous êtes plus riche que moi, _et puis après_? (indifférence)
r. Mais voyons, c'est évident, _ça saute aux yeux_
s. _D'accord_, répondit-il, je serai au rendez-vous à l'heure dite.

t. _Au voleur_! on m'a dérobé ma montre. *stole* *uppish woman*
u. Moi, épouser cette pimbêche? _Jamais de la vie_ !
v. _Pouah_ ! cette sauce est infecte. *stinking, foul, vile*
w. _Chut_ ! murmura la mère le doigt sur la bouche,
les enfants dorment.
x. _Sauve qui peut_! voilà l'ennemi.
y. Mon mari vient de recevoir une augmentation. _____
Magnifique répondit son amie. (satisfaction)

Thème d'imitation

En vous inspirant du texte et en vous aidant du "Plan et vocabulaire,"
composez un dialogue de votre choix.

for monday
April 28, 1980

CHAPITRE QUATORZE

La Dissertation morale

LIRE: *Appendice IX*

Texte modèle

Bercé dans ma civière, je pense à cette aventure qui se termine, à cette victoire, inespérée. On parle toujours de l'idéal comme d'un but vers lequel on tend sans jamais l'atteindre.

L'Annapurna, pour chacun de nous, est un idéal accompli: dans notre jeunesse, nous n'étions pas égarés dans des récits imaginaires ou dans les sanglants combats que les guerres modernes offrent en pâture à l'imagination des enfants. La montagne a été pour nous une arène naturelle, où, jouant aux frontières de la vie et de la mort, nous avons trouvé notre liberté qu'obscurément nous recherchions et dont nous avions besoin comme de pain.

La montagne nous a dispensé ses beautés que nous admirons comme des enfants naïfs et que nous respectons comme un moine l'idée divine.

L'Annapurna, vers laquelle nous serions tous allés sans un sou vaillant, est un trésor sur lequel nous vivrons. Avec cette réalisation c'est une page qui tourne. . . . C'est une nouvelle vie qui commence.

Il y a d'autres Annapurna dans la vie des hommes.

(MAURICE HERZOG, *Annapurna*)

EXERCICES

1. Justifier l'emploi des articles des deux premiers paragraphes (cf. Appendice III).
2. Expliquer les expressions suivantes:
   a. Nous n'étions pas égarés dans des récits imaginaires.

    b. offrent en pâture

    c. sans un sou vaillant

    d. cette réalisation

    e. une arène naturelle

3. Rétablir la construction dans les expressions elliptiques suivantes:

    a. comme d'un but

    b. comme de pain

    c. comme un moine l'idée divine

4. Donner deux mots de la famille de: inespérée, tendre, liberté, tourner, combats, et employer chacun de ces mots dans une courte phrase qui en illustrera le sens.

5. Donner un synonyme dans le contexte de: égaré, dispensé, naïfs, se termine, respectons.

Exercices d'expansion

1. *Le substantif anglais* people *a plus d'extension que son équivalent français et doit être traduit le plus souvent par un terme plus précis suivant le contexte.* Compléter les phrases suivantes à l'aide du mot juste. (Consulter les dictionnaires.)

Modèle: On dit qu'il est alpiniste.

    a. C'est une ville de 20.000 _____.

    b. Un roi est responsable de ses _____.

    c. En 1940, le général a lancé un appel au _____ français.

    d. Le discours télévisé du Président s'adressait à la _____ entière.

    e. Après avoir parcouru le monde, l'enfant prodigue rentra dans sa _____.

    f. L'esclave africain avait la nostalgie de sa _____.

    g. On construit actuellement des avions, véritables navires volants, qui transporteront 600 _____.

    h. La salle de théâtre croula sous les applaudissements de tous les _____.

    i. Ce programme vous est offert par les 6000 _____ de "Union Electric".

    j. À l'étranger, c'est toujours avec plaisir qu'on rencontre un de ses _____.

    k. Ces _____ n'ont aucun savoir-vivre!

    l. La plupart des étudiants passent les vacances chez leurs _____.

2. Relier les phrases suivantes à l'aide d'un pronom relatif (cf. Appendice IX: Les Pronoms relatifs).

Modèle: L'idéal est un but. On tend vers ce but.
L'idéal est un but vers lequel on tend.

a. La montagne a été pour nous une arène naturelle. Nous y avons trouvé notre liberté.
b. La montagne nous a dispensé ses beautés. Nous les admirons.
c. La vie nous dispense les joies. Nous en avons besoin.
d. La vie nous inflige aussi des peines. Nous devons les endurer.
e. Notre condition humaine nous vaut des devoirs. Nous devons les accepter et les accomplir. *que*
f. Je suis né un 29 février. Cela n'est pas toujours drôle! *Ce qui*
g. L'étude crée des règles. Il faut s'y plier.
h. Nous avons certains talents. Nous devons orienter nos efforts vers ces talents.
i. On se choisira un idéal. Cet idéal sera à la portée de ses capacités.
j. Il a échoué à l'examen final. Il s'en doutait. *De dont*
k. Elle a enfin réussi à entreprendre ce voyage en Europe. Elle rêvait à cela depuis longtemps.
l. Ceci n'est pas clair: ceci n'est pas français.
m. J'attendais avec impatience le 30 mai: à cette date, j'allais savoir si j'avais atteint mon but.
n. Je me suis fixé un but dans la vie. Je désirais cela ardemment.

3. Relier les deux phrases en exprimant la cause d'après le modèle ci-dessous (cf. Appendice VII: L'Infinitif précédé de prépositions autres que **à** et **de**; et Appendice VIII: Le Participe présent III).

Modèle: Nous avons joué aux frontières de la vie et de la mort. Nous avons trouvé notre liberté.

(1) Jouant aux frontières de la vie et de la mort, nous avons trouvé notre liberté.
(2) Comme nous avons joué . . . , nous avons trouvé . . .
(3) Nous avons trouvé . . . pour avoir joué . . .

a. Il n'a pas travaillé. Il a échoué.
b. Il a cru en la dignité de l'homme. Il a mérité le titre d'humaniste.
c. Elle n'a point failli à sa tâche quotidienne. Elle a fini par atteindre son idéal.
d. Le professeur s'est montré compréhensif. Il a gagné la confiance de ses élèves.

    e. Il a su accepter les critiques de ses maîtres. Il a acquis l'humilité du véritable érudit.

4. Dans les phrases suivantes, marquer l'opposition à l'aide d'une proposition infinitive d'après le modèle ci-desous (cf. Appendice VII: L'Infinitif absolu).

  Modèle: On tend vers un but, mais on ne l'atteint jamais.
              On tend vers un but <u>sans jamais l'atteindre.</u>

       NOTE: Cette construction, d'un style plus élégant, n'est possible que lorsque les sujets sont identiques dans les deux propositions.

    a. On fait un rêve, mais on ne le réalise pas.
    b. On se fait des préjugés, mais on ne veut pas l'avouer.
    c. Chacun exige la liberté, mais il ne veut pas en subir les conséquences.
    d. On veut de bonnes notes, mais on ne se fatigue pas.
    e. Certains prennent toujours tout, mais ne donnent jamais rien.
    f. Je souhaitais l'amitié de tous, mais je n'accordais jamais la mienne.
    g. Elle achetait tout ce qu'elle voyait, mais elle n'avait besoin de rien.
    h. Je croyais tout savoir, mais je n'avais rien étudié.
    i. J'arrivais désormais à parler français, mais je n'oubliais pas pour cela ma langue maternelle.
    j. Elle croyait être sociable, mais elle ne recevait jamais personne chez elle.
    k. Trop fier, je souhaitais l'aide de tous, mais je ne voulais jamais rien demander à personne.
    l. Il sentait confusément sa vocation, mais il ne pouvait pas encore la définir.
    m. Je savais mes faiblesses, mais je n'avais pas encore le courage de les admettre.
    n. Il désirait le succès, mais ne voulait pas en payer le prix.
    o. Je brûlais de m'acheter une voiture, mais je n'en avais pas les moyens.

5. *En français, comme en anglais, certains verbes peuvent s'employer soit transitivement, soit intransitivement* (cf. Appendice VIII: La Voix passive):

  Herzog *commence* l'ascension.
  L'ascension *commence.*

D'autres verbes, ne pouvant s'employer que transitivement à la voix active, possèdent une forme pronominale à valeur intransitive:

Herzog *termine* son ascension.
L'ascension *se termine*.

Dans les phrases suivantes, employer la forme correcte du verbe entre parenthèses.

a. (augmenter)
   Le président a décidé de _____ les impôts.
   Le coût de la vie ne cesse de _____.
b. (interrompre)
   Au beau milieu de sa phrase, il _____.
   Ses efforts, il sera malheureusement forcé de _____.
c. (cacher)
   Il sait remarquablement bien _____ ses émotions.
   Brusquement, le soleil _____ entre deux pics.
d. (redoubler)
   Piqué au vif, il _____ ses efforts.
   Vers le sommet, le vent _____ de violence.
e. (établir)
   Il réussit enfin à _____ à son compte.
   Avant l'escalade, les alpinistes _____ un plan d'action.
f. (vanter)
   Herzog _____ les mérites d'une vie vouée à l'action.
   Elle _____ constamment de ses conquêtes.
g. (embellir)
   La joie _____ son visage.
   Cette enfant _____ de jour en jour.
h. (développer)
   Il faut apprendre à _____ ses facultés.
   Les vertus _____ à force de persévérance.
i. (éveiller)
   _____ chez l'enfant cette curiosité naturelle!
   La curiosité _____ tôt chez l'enfant.
j. (sentir)
   Il _____ la grandeur du but à atteindre.
   Devant de tels obstacles, il _____ désemparé.

Plan et vocabulaire: *La dissertation morale*

I. L'INTRODUCTION

Dans la discussion ou l'explication d'une idée littéraire ou morale, il est bon de composer une courte introduction replaçant cette idée dans son contexte:

Au cours d'un monologue tout particulièrement pathétique, Hamlet s'écrie: "être ou ne pas être . . ." Quel sens faut-il attacher à ses paroles?

Dans *Hamlet*, Shakespeare fait dire à son héros: "être ou ne pas être . . ." Qu'entendait par là le grand dramaturge?

Dans son livre sur . . . l'auteur déclare . . .

II. LE DÉVELOPPEMENT

A. Développement
Phrases d'exposition et de transition:
Expliquons tout d'abord le sens de cette citation.
Par cette assertion l'auteur a voulu . . .
Cette citation (assertion, pensée, ces mots) signifie . . .
A mon avis, il semble (semblerait) que . . .
Certains croient que . . . D'autres au contraire prétendent . . .
On croit souvent que . . .
Au premier abord . . . Mais, à y regarder de près, . . .

B. Illustration d'une pensée
J'ai fait moi-même une telle expérience . . .
Il me souvient avoir fait une expérience analogue . . .
J'ai pris conscience de: cette vérité . . .
      l'universalité de cette pensée . . .
      le bien-fondé de cette assertion . . .
      la vérité de cette pensée . . .
(Vior Chapitre onze: Plan et vocabulaire)

C. Vocabulaire
1. Buts:
rêver *à* (au jour où)
se bercer *d'*illusions
caresser l'espoir
former des projets
se promettre *de* (+ l'infinitif)
chercher sa voie
se fixer (poursuivre) un idéal
se proposer un but
se fixer un but
viser un but
tendre *vers* un but

2. Moyens:
adopter une attitude (envers)
se rire *du* danger

faire preuve *de* (montre *de*) volonté, persévérance, ténacité, audace, courage, héroïsme, . . .

se montrer tenace, audacieux, héroïque . . .

se soumettre *à* une volonté

se plier *à* une discipline

lutter *contre*

se mesurer *à*

affronter des obstacles

exercer une influence *sur*

mener une vie (exemplaire)

3. Résultats :

réaliser, accomplir un idéal

atteindre un but

surmonter des obstacles ; essuyer un revers, une défaite

remporter un succès, une victoire ; subir un échec

remplir sa tâche, son devoir ; faillir *à* sa tâche, *à* son devoir

triompher *de*

se réaliser

s'affirmer

trouver sa voie, sa vocation

III. LA CONCLUSION

Dans une composition de la sorte, plusieurs solutions s'offrent à l'étudiant :

1. Si l'idée a été bien illustrée, la conclusion n'est pas nécessaire.

2. Il est possible cependant de récapituler l'illustration par la phrase même de l'auteur ou par une courte phrase reprenant son idée :

C'est ainsi que j'appris que " le ridicule tue ".

C'est ainsi que je découvris le pouvoir destructeur du ridicule.

3. Il est possible aussi de terminer sa composition sur une pensée qui élargit l'idée initiale, comme par exemple :

L'impassibilité stoïque ne serait-elle pas un remède efficace contre le ridicule?

ou encore, pour prendre la position contraire :

La quiétude souriante de l'épicurien semblerait pouvoir lutter à armes égales contre le ridicule.

Exercices de style

1 *Le français a une tendance plus marquée que l'anglais à substantiver les adjectifs. L'anglais préfère employer l'adjectif modifiant un substantif tel que :* man, woman,

boy, girl, people, person, *etc.* Récrire les phrases suivantes en employant un adjectif substantivé.

Modèle : un jeune homme originaire de France
un jeune <u>Français</u>

    a. une adolescente originaire du Mexique *Mexicaine*
    b. une jeune ~~fille fervente de sport~~ *athlétique, sportive*
    c. un vieil homme ~~qui ne travaille plus~~ *retraité*
    d. un enfant ~~du Canada~~ *Canadien*
    e. une élève ~~qui déteste le travail~~ *paresseuse*
    f. une personne qui avoue une faute *franche, honnête*
    g. une jeune femme ~~qui s'habille avec goût~~ *chic*
    h. une vieille femme qui vit d'intrigues *intrigueuse*
    i. un jeune homme ~~qui ne peut ni parler ni entendre~~ *sourd-muet*
    j. une jeune fille qui habite la ville *urbaine, citadine*
    k. un homme ~~qui a perdu la vie~~ *mort*
    l. une personne ~~qui a peu d'argent~~ *pauvre*
    m. une personne qui a toujours peur *effrayé, craintif, peureuse*
    n. un vieillard ~~qui porte la barbe~~ *barbu ... ancienne*
    o. une belle femme de l'Andalousie *Andalouse*
    p. une femme riche de l'Amérique du Sud *riche Sud-Américaine*
    q. une ~~personne~~ originaire de la campagne *campagnard*
    r. un jeune homme qui manque de respect à ses aînés *irrespectueux*
    s. une jeune fille ~~qui n'a aucune politesse~~ *impoli, malhonnête*
    t. un jeune homme qui ne sait pas attendre *impatient*

2. Transformer les phrases suivantes d'après le modèle ci-dessous (cf. Appendice VII : L'Infinitif précédé de **à** ; L'Infinitif précédé de **de** ; et Appendice VIII : La Voix passive).

Modèle : On apprend facilement ce poème.

    (1) Ce poème est facile <u>à</u> apprendre.
    (2) <u>Il</u> est facile <u>d</u>'apprendre ce poème.
    (3) Ce poème s'<u>apprend</u> facilement.

    a. On retient ce proverbe aisément.
    b. On ne peut surmonter ces obstacles.
    c. On remarque cette faute difficilement.
    d. On accorde aisément une petite faveur.
    e. On peut réaliser ce rêve.
    f. On endure malaisément les revers de fortune.
    g. On accepte avec plaisir un avancement.
    h. On franchit les longues distances avec peine.
    i. On manie cet outil facilement.

3. Remplacer le mot *chose* par le substantif exact tiré de la liste suivante, en effectuant les changements de genre nécessaires.

[handwritten: for Wed. April 30.]

arme *[weapon]*	exploit	passion
art	fléau *[calamity]*	qualité
aventure	habitude	réalisation *[accomplishment work]*
but *[purpose]*	incident	spectacle
danger	moyen	surprise
épreuve *[ordeal test, trial]*	nouvelle *[news]*	vertu *[virtue]*
événement *[outcome]*	obstacle	vice *[defect, flaw]*

Modèle: On parle de l'idéal comme d'une *chose* vers laquelle on tend.
On parle de l'idéal comme d'un <u>but</u> vers lequel on tend.

a. L'amour est souvent une *chose* dévorante. *[passion]*
b. La persévérance est une *chose* essentielle. *[vertu]*
c. La charité est la plus grande des *choses* chrétiennes. *[qualité]*
d. Fumer est une bien mauvaise *chose*. *[habitude]*
e. L'intempérance est une *chose* redoutable. *[vice]*
f. J'ai été témoin d'une *chose* tragique. *[incident]*
g. La satire fut la *chose* préférée de Voltaire. *[moyen]*
h. Je viens d'apprendre une *chose* surprenante. *[nouvelle]*
i. Les examens sont parfois de pénibles *choses*. *[épreuve]*
j. La vie réserve souvent d'amères *choses*. *[épreuve]*
k. La poursuite de l'idéal est jalonnée de *choses* à franchir. *[obstacle]*
l. Herzog a participé à une *chose* prodigieuse.
m. Pour atteindre son but, il n'aurait jamais dû employer des *choses* malhonnêtes.
n. La famine est toujours une terrible *chose*. *[fléau]*
o. Il faut se tenir au courant des *choses* importantes de son siècle. *[événements]*
p. Je n'avais jamais contemplé une *chose* si touchante.
q. La politique est une *chose* difficile. *[art]*
r. Les astronautes ont accompli des *choses* sans précédents. *[spectacles]*
s. Le cerveau électronique est une des *choses* les plus importantes de notre siècle. *[réalisation]*
t. S'endormir sur ses lauriers est une *chose* à éviter. *[fléau danger]*

4. Remplacer les expressions suivantes par le verbe propre et employer ce verbe dans une courte phrase. (Consulter les dictionnaires.)

Modèle: devenir maigre; rendre maigre
maigrir; amaigrir
Il maigrit à vue d'œil.
Les privations l'ont amaigri.

a. devenir riche; rendre riche
b. devenir grand; rendre grand
c. devenir rouge; rendre rouge
d. devenir vieux; rendre vieux
e. redevenir jeune; rendre jeune à nouveau
f. devenir beau; rendre beau
g. devenir gros; rendre gros
h. devenir sombre; rendre sombre
i. devenir clair; rendre clair
j. devenir long; rendre long
k. devenir large; rendre large
l. devenir solide; rendre solide
m. devenir aigre; rendre aigre
n. devenir doux; rendre doux
o. redevenir doux; rendre doux à nouveau
p. devenir triste; rendre triste
q. devenir irrité; rendre irrité
r. devenir calme; rendre calme
s. devenir meilleur; rendre meilleur
t. devenir scandalisé; rendre scandalisé

5. *Fréquemment, une construction passive anglaise se traduit en français par une construction pronominale.* Transformer les phrases ci-dessous en phrases pronominales à sens passif (cf. Appendice VIII: La Voix passive V C).

Noter que le substantif sujet se transforme en un verbe pronominal, l'adjectif attribut en un adverbe et le complément d'objet en locution adverbiale.

Modèle: La lecture de cette dissertation est rapide.
Cette dissertation <u>se lit</u> rapidement.

a. La compréhension de cette idée est aisée. Se fait
b. L'emploi de ce mot est <u>courant</u>. present day
c. La conception d'une telle situation est facile.
d. La construction de cette phrase est fréquente.
e. La gestion d'un magasin est difficile.
f. L'expression d'une idée claire n'est pas difficile.
g. Le gouvernement d'un pays demande de la diplomatie.
h. Le bon contrôle des passions est rare.
i. La correction d'un vice est difficile.
j. La lecture de *La Reine morte* est assez facile.
k. La conduite d'une voiture demande de la prudence.

l. L'imitation de l'accent français est aisée.

m. L'obtention d'un diplôme demande une grande persévérance.

n. L'ouverture des portes est à 9 heures.

o. L'organisation d'un programme est minutieux.

p. L'oubli d'une règle de grammaire est assez fréquent.

q. Le pardon d'une petite faute est facile.

r. Le remplacement d'un être humain est impossible.

s. En France, le port du béret est plus rare qu'on le croit.

t. La pratique du baseball en France est presque inexistante.

u. La projection des diapositives a lieu sur un écran.

v. La solution de ce problème est malaisée.

w. La rédaction d'une telle lettre est aisée.

x. La multiplication des humains est constante.

y. La division de ce chiffre par trois est possible.

z. Couper ce bifteck n'est pas très facile.

aa. Le développement d'une jeune nation demande de nombreux sacrifices.

bb. La perte d'une mauvaise habitude est lente.

cc. La digestion de ce mets est malaisée.

dd. La restitution d'un bien mal acquis est nécessaire.

ee. La pratique de cette coutume est générale.

ff. L'établissement d'un contrat a lieu avant l'exécution du travail.

gg. La fermeture de ce portillon est automatique.

hh. La révision des notes est nécessaire avant l'examen.

Thème d'imitation

Expliquer et *illustrer* cette pensée: "Il y a d'autres Annapurna dans la vie des hommes".

NOTE 1. *Expliquer:* une pensée pouvant être très concise, on doit en dégager le sens exact et en délimiter la portée.

NOTE 2. *Illustrer:* c'est le procédé le plus simple, qui consiste à apporter des exemples concrets de l'application pratique d'une pensée.

CHAPITRE QUINZE

La Dissertation littéraire

Texte modèle

Les fous, Charles Dickens les aima toujours, lui qui décrivit avec une grâce attendrie l'innocence de ce bon M. Dick. Tout le monde connaît M. Dick, puisque tout le monde a lu *David Copperfield*. Tout le monde en France: car il est aujourd'hui de mode en Angleterre de négliger le meilleur des conteurs anglais. Un jeune esthète m'a confié tantôt que *Dombey and Son* n'était lisible que dans les traductions. Il m'a dit aussi que Lord Byron était un poète assez plat, quelque chose comme notre Ponsard. Je ne le crois pas. Je crois que Byron est un des plus grands poètes du siècle, et je crois que Dickens exerça plus qu'aucun autre écrivain la faculté de sentir; je crois que ses romans sont beaux comme l'amour et la pitié qui les inspirent. Je crois que *David Copperfield* est un nouvel évangile. Je crois enfin que M. Dick, à qui j'ai seul affaire ici, est un fou de bon conseil, parce que la seule raison qui lui reste est la raison du cœur et que celle-là ne trompe guère. Qu'importe qu'il lance des cerfs-volants sur lesquels il a écrit je ne sais quelles rêveries relatives à la mort de Charles Ier! Il est bienveillant; il ne veut de mal à personne, et c'est là une sagesse à laquelle beaucoup d'hommes raisonnables ne s'élèvent point comme lui. C'est un bonheur pour M. Dick d'être né en Angleterre. La liberté individuelle y est plus grande qu'en France. L'originalité y est mieux vue, plus respectée que chez nous. Et qu'est-ce que la folie, après tout, sinon une sorte d'originalité mentale? Je dis la folie et non point la démence. La démence est la perte des facultés intellectuelles. La folie n'est qu'un usage bizarre et singulier de ces facultés.

(ANATOLE FRANCE, *La Vie littéraire*)

EXERCICES

1. Relever les trois mises en relief du texte et rétablir la construction normale.
2. Expliquer, dans le contexte, le sens des termes suivants: un esthète, tantôt, plat, la raison du cœur, bienveillant.
3. Donner, dans le contexte, un synonyme de: plus grand, bonheur, vue, chez nous, usage.
4. Justifier la position des adjectifs suivants: une grâce attendrie, un nouvel évangile, la seule raison.
5. Indiquer la fonction des trois infinitifs du texte.
6. Donner trois mots de la famille de: conteur, lisible, raison, écrire.
7. Que pensez-vous de cette définition de la folie: "Et qu'est-ce que la folie, après tout, sinon une sorte d'originalité mentale?"

Exercices d'expansion

1. *Passage du discours direct au discours indirect.* Relier les phrases ci-dessous d'après le modèle suivant (cf. Appendice IX: Les Pronoms interrogatifs).

    Modèle: Et qu'est-ce que la folie? Le savez-vous?
    Savez-vous ce qu'est la folie?

    a. Qu'est-ce que la démence? Le savez-vous?
    b. Qu'est-ce que la raison du cœur? Dites-le-moi.
    c. Qu'est-ce qu'un fou de bon conseil? Je vous le demande!
    d. Qu'est-ce qu'un esthète? Pourriez-vous me le dire?
    e. Qu'est-ce que le baroque? Expliquons tout d'abord ce terme.
    f. Qu'est-ce que l'indifférence? Qu'importe!
    g. Qu'est-ce que l'amour? Qui le sait?
    h. Qu'entendait-on par philosophe au 18ᵉ siècle? Commençons par définir cela.
    i. Que sera la carrière de ce dramaturge? Qui pourrait l'affirmer?
    j. Mais que sera l'avenir? Qui oserait le garantir?
    k. Que serait une vie sans passion? Imaginez-le.
    l. Que serait-il advenu du théâtre anglais sans Shakespeare? Mieux vaut ne point y songer.

2. Compléter les phrases suivantes au moyen de pronoms démonstratifs. Tenir compte de la manière dont les verbes subordonnés se construisent (cf. Appendice IX: Les Pronoms démonstratifs).

    Modèle: Il lui reste la raison du cœur. Celle-là ne trompe pas.

    a. Comparons les pièces de Shakespeare et celles Racine.

EXERCICES D'EXPANSION

b. Etablissons un parallèle entre le poème de Dante et *celui de* Milton.

refers ↑

c. Quel rapport pourrait-on établir entre le doute stérile du libertin et *celui d'*un Montaigne? *auquel*

d. Le système d'Aristote est *celui sur* s'est basé le théâtre classique. *sur lequel*

e. Les valeurs classiques sont *celles* se figua le Romantisme. *contre lesquelles*

f. Quel abîme entre les valeurs de l'homme du Moyen age et *celles qu'* a exaltées l'humaniste.

g. Citons d'abord les sources latines et *celles du* 16ème siècle *dans lesquelles* notre auteur a puisé.

h. La richesse littéraire du siècle passé préfigure-t-elle *celle qui* caractérise notre époque?

i. La technique du conteur diffère nécessairement de *celle du* romancier.

j. Le Paris de 1830 et *celui que* nous est peint par Balzac sont-ils identiques?

k. Cette fable d'Esope est une de *celles* *dont* La Fontaine s'est inspiré.

l. Les meilleurs écrivains ne sont pas toujours *ceux* *à qui* leurs contemporains ont décerné les plus beaux lauriers.

Ceci & cela - do not refer to a preceding idea

3. *Le français emploie de préférence l'adverbe* restrictif **ne . . . que** *à l'adverbe* **seulement.** *La particule* **ne** *se place devant le verbe et* **que** *immédiatement devant le terme modifié. L'emploi de cette locution ne présente de difficultés que dans trois cas :*

(1) *Modification du verbe:*

Il parle.   Il *ne* **fait** *que* **parler.**

(2) *Modification du pronom personnel complément direct et indirect :*

(a) personnes:

On *la* voit.   On *ne* voit qu'*elle*.

On *lui* parle.   On *ne* parle qu'*à elle*.

(b) choses:

On *le* voit.   On *ne* voit *que* *cela*.

On *y* pense.   On *ne* pense *qu'à cela*.

On *en* parle.   On ne parle que *de cela*.

(3) *Modification du pronom adverbial :*

Elle *y* retourne.   Elle *ne* retourne *que* *là*.

Elle *en* revient.   Elle *ne* revient *que de là*.

Dans les phrases suivantes, modifier les termes en italiques à l'aide de **ne . . . que:**

    a. La folie est *un usage bizarre des facultés intellectuelles.*
    b. Ses œuvres furent publiées *après sa mort.*
    c. Il a réfléchi *à ce problème.*
    d. Il *lui* a dédié ses œuvres complètes.
    e. Il *a expliqué* cette pensée.
    f. Cet auteur *en* discute.
    g. Ce moraliste s'*y* réfère.
    h. Cet ouvrage a paru *à Amsterdam.*
    i. Cet ouvrage *y* a paru.
    j. Le dramaturge dirige ses attaques *contre les faux dévots.*
    k. On *lui* attribue cette découverte.
    l. Ce procédé présente *un inconvénient.*
    m. Cet économiste nous *apporte* des solutions provisoires.
    n. Ce polémiste m'*a exaspéré.*

4. Compléter les phrases suivantes en employant **à** ou **de** devant l'infinitif. Notez que si l'infinitif forme avec le nom qui le précède un complément déterminatif, il prend **de**. Au contraire, dissocié du nom et exprimant *la cause*, il se construit avec **à**. (Cf. Appendice VII: L'Infinitif précédé de **de**. Observer soigneusement le rôle de l'article.)

   Modèles: Monsieur Dick a le bonheur <u>d</u>'être né en Angleterre.
              Il éprouve du bonheur <u>à</u> vivre en Angleterre.

    a. Dickens exerça plus qu'un autre écrivain la faculté ____ sentir.
    b. Il exprima le vœu ____ devenir écrivain.
    c. Il prenait un immense plaisir ____ créer ses personnages.
    d. Sa seule ambition était celle ____ conquérir un public cultivé.
    e. Elle se pâmait d'extase ____ relire Byron.
    f. Il était obsédé du désir ____ imiter les Anciens.
    g. Il montre une grande adresse ____ composer ses intrigues.
    h. Cet auteur a le don ____ m'horripiler.
    i. Il fut rempli d'aise ____ voir sa première pièce acceptée par le public new-yorkais.
    j. Il eut l'amère déception ____ se voir refuser l'entrée à l'Académie.

5. Dans l'exercice suivant, il faudra distinguer deux cas:
  (1) Celui de deux verbes, dont le premier sert de complément adverbial au deuxième, qui doit alors s'exprimer à l'infinitif précédé de **à**:
     Je *m'amuse* **à étudier** Chaucer.
     J'*étudie* Chaucer *par plaisir.*

(2) Celui où les deux verbes expriment deux actions parallèles dans le temps. Le deuxième s'exprime par un *participe présent* précédé de **en** (cf. Appendice VIII: Le Participe présent III B):

Je *m'amuse* **en travaillant**.

Je *m'amuse* **et je travaille** en même temps.

Compléter les phrases de l'exercice suivant en employant soit l'infinitif, soit le participe, selon le cas.

a. Il passe son temps (composer) des poèmes.
b. Il se documente (fréquenter) les salons.
c. Balzac s'est tué (écrire) des romans.
d. St-Exupéry s'est tué (effectuer) un vol de reconnaissance.
e. Je me force (déchiffrer) ce style obscur.
f. Cet acteur a hésité plusieurs fois (déclamer) cette tirade.
g. Voltaire n'a jamais hésité (manier) la satire.
h. Pourquoi perdre son temps (lire) ces fadaises?
i. Balzac buvait force tasses de café (composer) ses romans.
j. Cet auteur s'évertue (convaincre) ses lecteurs, mais bien inutilement.

Plan et vocabulaire: *La Dissertation littéraire*

(Cf. Chapitre quatorze: La Dissertation morale; Plan et Vocabulaire, p. 106)

I. L'INTRODUCTION

Dans un tel sujet, il importe d'abord de bien comprendre l'énoncé. Il peut s'agir soit de:

1. *Expliquer*: \
2. *Illustrer*: / (Cf. Chapitre quatorze: La Dissertation morale; Thème d'imitation)
3. *Commenter*: c'est le cas où l'idée demande à être expliquée et amplifiée, on en montrant toutes les ramifications possibles.
4. *Discuter*: c'est le cas où l'idée n'exprime pas une vérité universelle. Il faut alors en dégager la part de vrai et la part de faux.
5. *Prouver*: c'est le cas où, l'idée étant controversée, il faut, avant d'en démontrer la véracité, en réfuter toute objection.

II. LE DÉVELOPPEMENT

A. Termes de littérature générale

1. *Les genres*:
   a. La poésie:
      un poème   épique, lyrique, satirique

117

b. La prose:

un roman *novel*   psychologique, romantique, réaliste, naturaliste, contemporain (le nouveau roman), historique, policier

short story
novelette
tale, story
essay

une nouvelle⎫
un conte   ⎬   satirique, philosophique

un essai ⎫
un traité ⎬   philosophique, moral

un pamphlet   polémique (philosophique, politique)
une lettre
une épître

c. Le théâtre:

play

une pièce   classique, romantique, symbolique, comique, tragique *of morals*   *plot* *love affair*
la comédie (de mœurs, de caractères, d'intrigue)
le drame romantique
le mélodrame   *melodrama*
la farce   *farce, trick, joke*

2. *Les auteurs:*

writer
man of
letters

un écrivain, un
homme de lettres

un poète
un dramaturge (un auteur comique, tragique) *playwright*
un romancier *novelist*
un conteur
un essayiste
un pamphlétaire
un épistolier
un (auteur) classique, un romantique, un symboliste, un réaliste

3. *Les mouvements:*
l'humanisme, le classicisme, le pré-romantisme, le romantisme, le réalisme, l'existentialisme
le stoïcisme, l'hédonisme, l'épicurisme, le rationalisme, le positivisme, le relativisme

4. *Les œuvres:*   (complètes) de Shakespeare
un livre   (édité en 1936)
work, piece of work un ouvrage   d'érudition
collection un recueil   de poèmes, de morceaux choisis
anthology une anthologie   en trois volumes
manual, handbook un manuel   d'histoire, de littérature
passage un passage   tiré de (telle œuvre)

118

B. Termes de critique littéraire

1. *La forme*:

   a. La poésie:

une œuvre	en vers (de 8 pieds)
	en alexandrins (12 pieds)
un poème	divisé en strophes, en quatrains (4 vers)
un vers	harmonieux, dissonant, évocateur, bien (mal) tourné
une rime	riche, pauvre
le rythme	lent, rapide, souple, heurté

   b. La prose:

une œuvre	en prose, bien (mal) composée
un chapitre } un paragraphe }	bien (mal) organisé
une phrase	bien (mal) construite, de 4 lignes, bien (mal) équilibrée

   c. Le théâtre

une pièce	en prose, en vers (divisée) en 5 actes (en 3 tableaux)
un acte	divisé en 5 scènes
une scène	d'exposition, de transition, de conclusion comique, tragique, pathétique
un dialogue	rapide, animé, traînant, interminable
un monologue	pathétique, émouvant, exaltant, mélodramatique, pompeux
une réplique	violente, incisive, spirituelle (*witty*), amère

2. *Le style*:

   a. Figures

une image	originale, banale, évocatrice
une comparaison	bien (mal) choisie, fade
une métaphore	usée, originale
un symbole	obscur, profond
une paraphrase	lourde, longue, embarrassée

   b. Qualités: original, personnel, naturel, noble, énergique, éloquent, élégant, raffiné

      concret, clair

      pittoresque, imagé

      ferme, concis

   c. Défauts: banal, plat, précieux, bas, languissant, vulgaire, trivial, abstrait, obscur, dépouillé, nu, lâche, prolixe

3. *Le fond*:

a. un thème	central
	philosophique, social, historique
	conventionnel, original
	de la paternité, du mariage
	emprunté à la mythologie, à tel auteur
b. une idée	originale, banale, usée
	claire, vague, obscure
	profonde, superficielle
c. une intrigue	bien (mal) montée, bien (mal) nouée (dénouée)
	simple, complexe, surchargée, inextricable
	romanesque
d. une action:	bien (mal) conduite
	simple, complexe
	unique, principale, secondaire
	comprend: des péripéties, des coups de théâtre
e. une situation:	vraisemblable, invraisemblable
	inextricable
	comique, tragique, pathétique
	ambiguë, équivoque (un quiproquo)
f. les personnages:	le héros, l'héroïne
	le personnage principal, central, secondaire, épisodique
	les protagonistes
	sympathiques, antipathiques
	tragiques, comiques, de farce
La psychologie du personnage:	
le personnage est	vivant, vraisemblable
	stéréotypé, invraisemblable
son caractère est	bien étudié, bien développé
	à peine ébauché
	subordonné à sa condition

C. Expressions utiles à la dissertation littéraire

l'auteur:

compose	une œuvre, des vers
rédige	ses mémoires
développe	un thème, ses personnages
exprime	une idée
applique	un système, une philosophie

emploie	un procédé (ex: le flashback)
monte	une intrigue
traite	une matière, un sujet
décrit	une époque
s'inspire	d'un autre auteur, de l'antiquité, etc.
se conforme *à*	des règles
rejette	des règles
peint ⎫ campe ⎬	ses personnages
anime ⎭	
manie	la satire (à la perfection)
s'adresse *à*	un certain public
appartient *à*	un mouvement, une école
exerce	une influence (sur ses contemporains)

l'œuvre:

enthousiasme ⎫ captive ⎬ ennuie rebute ⎭	le public, le lecteur
présente	une époque, une vie, des personnages, certains traits de mœurs, certaines caractéristiques
témoigne *de*	le talent, *le* génie de son auteur
exprime	les idées *de* l'auteur *sur*
développe	un thème
s'adresse *à*	un certain public
traite *de*	un sujet, certains problèmes (moraux, philosophiques, sociaux)

le lecteur (voir aussi, Chapitre six, Plan et Vocabulaire, IV L'atmosphère)

s'intéresse *à*	l'œuvre, le sort des personnages, les idées, les situations
s'enthousiasme *pour*	l'œuvre, les héros
s'indigne *à*	les idées exprimées, les agissements des personnages
s'insurge *contre*	la philosophie, la morale de l'auteur
éprouve	un sentiment de . . . (à la lecture de . . .)
apprécie	la poésie, les beautés, le style, la technique

III. LA CONCLUSION

Dans ce genre de dissertation, le développement ayant présenté une analyse de détails, la conclusion devra se borner à en faire une brève synthèse, mettant en relief les idées maîtresses:

SUJET: "Pour ce que rire est le propre de l'homme." (Rabelais)
Nous voyons donc que le rire, étant une réaction secondaire, intelligente, la prise de conscience d'une situation donnée, ne peut proprement appartenir qu'à l'homme.

Exercices de style

1. Au moyen de l'infinitif absolu, poser les questions dont les phrases ci-dessous constituent les réponses (cf. Appendice VII: L'Infinitif absolu).

   Modèle: Nous présenterons cet ouvrage en *deux volumes*.
   <u>Comment</u> présenter cet ouvrage?

   a. Nous allons résoudre ce problème *en nous y prenant ainsi*.
   b. Nous commencerons *par expliquer cette pensée*.
   c. Nous concentrerons nos efforts *sur l'analyse psychologique du héros*.
   d. Nous ne nous attarderons *point* sur ce sujet.
   e. Nous ne nous attarderons *plus* sur ce sujet.
   f. Nous répondrons à l'auteur *qu'une telle situation est invraisemblable*.
   g. Nous consulterons *cet humaniste éminent*.
   h. Nous compulserons *cette revue littéraire*.
   i. Nous nous adresserons *à l'auteur lui-même*.
   j. Dans le doute, *abstiens-toi*.

2. Indiquer la nature des phrases ci-dessous en utilisant un des mots de la liste suivante.

axiome	platitude	proverbe
maxime	précaution	remarque
opinion	précepte	vérité
paradoxe		

   a. Connais-toi toi-même.
   b. La vertu n'est qu'un vice déguisé.
   c. La parole est d'argent, mais le silence est d'or.
   d. L'homme est un animal sociable.
   e. Tout ce qui n'est pas vers est prose.
   f. Il semblerait que Shakespeare soit l'auteur de "Timon d'Athènes".
   g. Notons, en passant, que le Romantisme est le fruit d'une lente germination.
   h. Répondons tout d'abord aux objections possibles.
   i. Apprendre à vivre, c'est apprendre à mourir.
   j. Le syllogisme passe du général au particulier.

EXERCICES DE STYLE

3. Remplacer les superlatifs absolus par un adjectif plus descriptif tiré de la liste suivante.

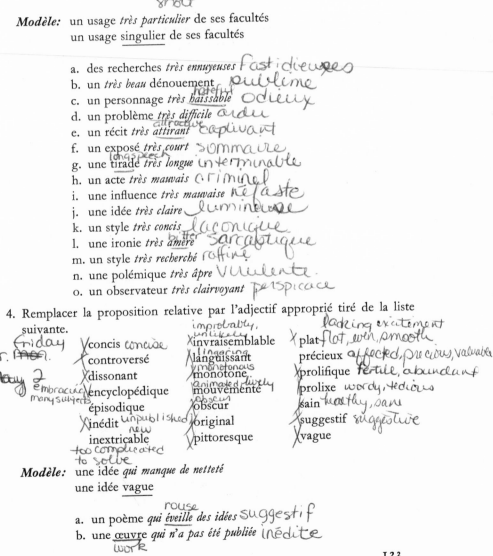

- ardu *steep*
- captivant
- criminel
- fastidieux *dull*
- interminable
- laconique *concise, short*
- lumineux
- néfaste *evil, unlucky*
- odieux *obnoxious*
- perspicace *shrewd*
- raffiné *refined*
- sarcastique
- singulier
- sommaire *summary*
- sublime
- virulent

Modèle: un usage *très particulier* de ses facultés
un usage singulier de ses facultés

- a. des recherches *très ennuyeuses* fastidieuses
- b. un *très beau* dénouement sublime
- c. un personnage *très haïssable* (hateful) odieux
- d. un problème *très difficile* ardu
- e. un récit *très attirant* (attractive) captivant
- f. un exposé *très court* sommaire
- g. une tirade *très longue* (long speech) interminable
- h. un acte *très mauvais* criminel
- i. une influence *très mauvaise* néfaste
- j. une idée *très claire* lumineuse
- k. un style *très concis* laconique
- l. une ironie *très amère* (bitter) sarcastique
- m. un style *très recherché* raffiné
- n. une polémique *très âpre* virulente
- o. un observateur *très clairvoyant* perspicace

4. Remplacer la proposition relative par l'adjectif approprié tiré de la liste suivante.

- concis *concise*
- controversé
- dissonant
- encyclopédique *embracing many subjects*
- épisodique
- inédit *unpublished, new*
- inextricable *too complicated to solve*
- invraisemblable *improbably, unlikely*
- languissant *lingering*
- monotone *monotonous*
- mouvementé *animated, lively*
- obscur
- original
- pittoresque
- plat *flat, even, smooth*
- précieux *affected, precious, valuable*
- prolifique *fertile, abundant*
- prolixe *wordy, tedious*
- sain *healthy, sane*
- suggestif *suggestive*
- vague *lacking excitement*

Modèle: une idée *qui manque de netteté*
une idée vague

- a. un poème *qui éveille des idées* (rouse) suggestif
- b. une œuvre *qui n'a pas été publiée* (work) inédite

c. un rôle *qui est inutile à l'action* ~~inutile~~ épisodique

d. une scène *qui abonde en péripéties* ~~abonde~~ vicissitudes pittoresque mouvementé (épisodique)

e. un style *qui s'exprime en peu de mots* concis

f. une idée *qui manque de clarté* obscure

g. une pièce *qui manque d'action* ~~plate~~ languissant

h. un style *qui manque d'élégance* plat

i. une œuvre *qui manque de variété* monotone

j. un vers *qui blesse l'oreille* ~~prolixe~~ dissonant

k. une idée *qui n'a jamais été exprimée* originale

l. une situation *dont on ne peut se tirer* inextricable

m. un jugement *qui n'est point gâté* is not at all spoiled sain

n. un style *qui a des longueurs* lengthiness ~~languissant~~ prolixique

o. un auteur *qui publie beaucoup* prolifique

p. une connaissance *qui embrasse toutes les sciences* encyclopédique

q. une question *sur laquelle on n'est pas d'accord* ~~dissonante~~ controversé

r. un terme *qui peint bien* pittoresque

s. une aventure *qui n'est pas croyable* invraisemblable

t. un style *qui manque de naturel* précieux

5. Amplifier les prépositions en italiques à l'aide des verbes ci-dessous. Tenir compte de la manière dont ces verbes se construisent (cf. Appendice V: L'Amplification des prépositions).

adressé	exercé	passé
consacré	exprimé	peint
contenu	institué	relatif
développé	lancé	relevé
dirigé	monté	tiré
employé	ourdi	

Modèle: L'Académie française est une organisation <u>instituée</u> *pour* la défense de la langue.

a. les fautes _____ *dans* cette pièce

b. un défi _____ *au* public

c. une critique _____ *à* l'auteur

d. un jugement _____ *sur* le style de ce poème

e. la satire _____ *contre* les institutions

f. l'ennui _____ *sur* ses traits

g. la cabale _____ *contre* lui

h. un complot _____ *contre* le roi

i. les divers éléments _____ *dans* cette œuvre

j. le thème _____ *dans* cette œuvre

     k. l'influence _____ *sur* les contemporains

     l. un manuel _____ *à* l'existentialisme

     m. une citation _____ *de* Shakespeare

     n. les procédés _____ *dans* ce roman

     o. les idées _____ *dans* cet essai

6. Amplifier les prépositions en italiques au moyen d'une proposition relative en employant les verbes entre parenthèses (cf. Appendice V: L'Amplification des prépositions).

Modèles: (avoir)   Il a de la chance *d'*être né en Angleterre.
             La chance qu'il a d'être né en Angleterre . . .
             (étreindre)   Il est ému de se retrouver en Angleterre . . .
             L'émotion qui l'étreint de se retrouver en Angleterre . . .

     a. (attacher)   Il est fidèle *à* sa parole.

     b. (envahir)   Il est triste *devant* le sort du héros.

     c. (saisir)   Elle est horrifiée *à* la vue de ce massacre.

     d. (ressentir)   Il a du chagrin *de* voir Dickens négligé.

     e. (torturer)   Ils ont des remords *à* la suite d'un tel acte.

     f. (frapper)   Il a de l'admiration *à* la lecture de ce chef-d'œuvre.

     g. (vouer)   Il a *de* l'amour pour sa patrie.

     h. (témoigner)   Il a *de* l'amitié pour elle.

     i. (éprouver)   Il a constamment besoin *de* philosopher.

     j. (animer)   Il est furieux *à* l'annonce de cette nouvelle.

7. Améliorer le style des phrases suivantes en remplaçant l'adverbe en italiques par un verbe et le verbe conjugué par un infinitif. (Consulter les dictionnaires.)

Modèle: Il compose *excellemment* ses intrigues.
          Il excelle à composer ses intrigues.

     a. Il suit *apparemment* les règles d'Aristote.

     b. Il file *obstinément* la métaphore.

     c. Il polit son style *avec application*.

     d. Il détruit *avec acharnement* les arguments adverses.

     e. Il rétracta *avec empressement* ses accusations.

     f. Il parodie *gaiement* les chefs-d'œuvre classiques.

     g. Il accumule *sans cesse* les quiproquos.

     h. La critique se mêla *sans retard* à cette querelle.

     i. On relève *avec étonnement* tant d'inexactitudes chez un érudit de son envergure.

j. Nous indiquerons *seulement* les grandes lignes de sa philosophie. (se borner à)

k. L'auteur nous indique *toujours* ses sources. (ne jamais manquer de)

l. Il emploie *parfois* un style prolixe. (il arrive de)

m. Les critiques reconnaissent *unanimement* le génie de Molière. (s'accorder à)

n. Il abandonna *à contrecœur* ses recherches. (se résigner à)

Thème d'imitation

Discuter et illustrer une des assertions suivantes:
1. "Lord Byron était un poète assez plat."
2. "Dickens exerça plus qu'un autre écrivain la faculté de sentir."
3. "Je crois que *David Copperfield* est un nouvel évangile."

APPENDICES

Notions d'aspect,
de point de vue
et de localisation

Aspects

De nombreux mots présentent un aspect temporel qu'il est extrêmement important de saisir lorsque l'on étudie une langue étrangère, car, en effet, la méconnaissance de ces aspects est la source, dans un cours de composition, des erreurs les plus nombreuses comme, pour n'en citer qu'une, la confusion entre l'emploi de l'imparfait et des passés simple et composé.

I. DÉFINITIONS DES ASPECTS

Nous commencerons donc par définir chaque aspect.

A. **L'aspect ponctuel** présente **une action** dans son début et dans sa fin **sans aucune notion de durée.***

---

* Au cours des pages qui vont suivre, les actions seront illustrées de façon schématique dans leur contexte temporel. Ainsi, une longue ligne horizontale terminée en flèche représentera la ligne du temps (*time*) dans son déroulement. Au-dessus de cette ligne figureront les états et actions en question et au-dessous, quand cela sera nécessaire, la marche de la pensée dans le temps. Une flèche verticale touchant la ligne du temps indiquera une localisation dans le temps.

Exemple: I saw him yesterday.

B. **L'aspect itératif** présente **une succession d'actions.**

Exemple: I saw him several times yesterday.

saw

ligne du temps

C. **L'aspect duratif** est de deux types:

1. **statique,** qui présente **un état dans sa durée.**

Exemple: I am tired.

am tired

ligne du temps

2. **dynamique,** ou **graduel,** qui présente **une action dans sa progression.**

Exemple: I am reading.

am reading

ligne du temps

D. **L'aspect permanent** présente **une action ou un état,** soit dans sa durée (comme l'aspect duratif) soit dans sa répétition (comme l'aspect itératif), mais **considéré en dehors du temps** (*time*), immuable.

Exemple: Two and two are four.

E. **L'aspect inchoatif** présente **une action** dont **le début:**

1. **est localisé.**

Exemple: The war started in 1939.

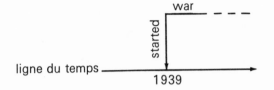

2. peut être localisé.

Exemple: He started talking.

F. **L'aspect terminatif** présente **une action** dont **la fin:**

1. est localisée.

Exemple: The war ended in 1945.

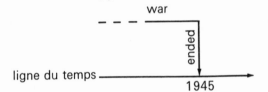

2. peut être localisée.

Exemple: He stopped talking.

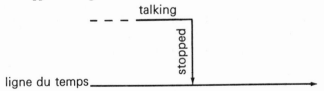

G. **L'aspect global,** qui est, à proprement parler, une combinaison des aspects inchoatif et terminatif, diffère de l'aspect duratif en ce qu'il ne montre pas l'action dans sa progression mais dans ses limites.

Exemple: He *spoke for three hours.*

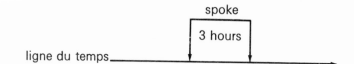

II. APPLICATIONS

Appliquons maintenant ces notions à certains mots du lexique.

A. **Prépositions et locutions prépositives:**

depuis 3 heures: ASPECT INCHOATIF
pendant 3 heures: ASPECT GLOBAL
jusqu'à 3 heures: ASPECT TERMINATIF

B. **Noms:** Le terme *time* en anglais possède en lui-même les aspects duratif, itératif, et ponctuel, alors que le mot **temps**, qui lui est le plus souvent associé en français, ne présente qu'un seul de ces aspects: l'aspect duratif. Afin de traduire les deux autres aspects de *time* il faut en français employer **fois** pour l'aspect itératif et **heure** pour l'aspect ponctuel.

Day, morning et *evening* ont un aspect soit ponctuel soit duratif. En français **jour, matin** et **soir** n'expriment que l'aspect ponctuel. Pour traduire l'aspect duratif, il faut employer: **journée, matinée, soirée.**

Je vous verrai ce **soir.** ASPECT PONCTUEL
J'ai passé la **soirée** chez des amis. ASPECT DURATIF

C. **Verbes:** Si les mots qui précèdent possèdent **en eux-mêmes** une valeur temporelle, à plus forte raison le verbe, qui exprime **en lui-même** un état ou une action.

1. Entre le français et l'anglais certains verbes peuvent présenter **une similitude.** C'est le cas le plus facile. Par exemple:

opposé à:	*to beat*	aspect itératif	**battre**
	to strike } *to hit* }	aspect pontuel	**frapper**
opposé à:	*to trim*	aspect itératif	**tailler**
	to cut	aspect ponctuel	**couper**
opposé à:	*to chew*	aspect itératif	**mâcher**
	to bite	aspect ponctuel	**mordre**

2. Le français et l'anglais peuvent présenter une différence d'aspect. C'est le cas complexe souvent qualifié d'idiotisme dans la plupart des grammaires modernes. Par exemple:

a. *to speak* et **parler** ont tous deux des aspects duratif, global et itératif:

He spoke for 3 hours. Il a parlé trois heures.} ASPECT GLOBAL (durée)

He spoke to me about it several times. Il m'en a parlé plusieurs fois.} ASPECT ITÉRATIF

He was speaking when we walked in. Il parlait quand nous sommes entrés.} ASPECT DURATIF

Cependant *to speak* peut avoir un aspect inchoatif que **parler** ne peut jamais prendre. Il faut alors traduire par des verbes différents:

*He stood up and **spoke**.* Il se leva et **prit la parole**.} ASPECT INCHOATIF

*A stranger entered and **spoke to me**.* Un étranger entra et **m'adressa la parole**.} ASPECT INCHOATIF

b. *To wear* peut présenter les aspects duratif, itératif ou inchoatif, alors que **porter** n'a pas d'aspect inchoatif. On doit employer alors **mettre**:

*I have nothing **to wear** today.* Je n'ai rien **à me mettre** aujourd'hui.} ASPECT INCHOATIF

c. *To laugh* peut avoir un aspect inchoatif que **rire** n'a point:

*When he heard that, he **laughed**.* En entendant cela il **éclata de rire**.} ASPECT INCHOATIF

Le verbe, en outre, peut varier d'aspect d'après les temps (*tenses*) auxquels il est employé. Ces temps (*tenses*) expriment généralement une relation dans le temps (*time*) et constituent **le point de vue** de celui qui les emploie.

Point de vue

Il faut distinguer les trois étapes les plus simples de la pensée: le présent, le passé et le futur. Par rapport au présent, le passé peut être considéré:

A. **Comme relié au présent** par celui qui parle:

Exemple: J'ai cherché toute ma vie la vérité.

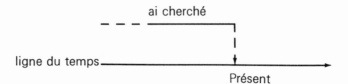

B. **Comme complètement détaché du présent, sans aucun rapport** avec lui:

Exemple: Balzac chercha à faire une vaste synthèse de l'univers.

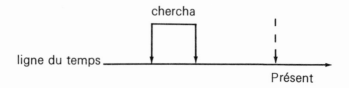

En français les temps du passé qui présentent ce rapport sont: l'imparfait, le passé simple et, d'une certaine manière, le passé composé. (Cf. Appendice II: Le Passé composé.)

Localisation

Evoquant un fait passé, l'esprit peut le distinguer de **deux points de vue différents:**

A. **Localisé:** c'est-à-dire un fait vu dans son début, sa fin ou sa totalité.
   Si je dis, "Après sa crise de scepticisme, Montaigne chercha sa voie dans l'hédonisme", je localise la recherche de Montaigne dans son début sans me soucier de sa durée (aspect inchoatif):

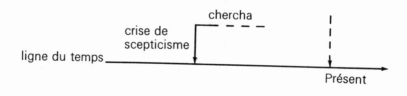

Si je dis, "Montaigne chercha la sagesse jusqu'à sa mort", je localise sa recherche dans son terme (aspect terminatif):

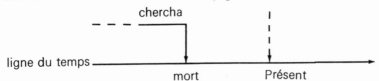

Si je dis, "Montaigne chercha pendant dix ans une philosophie propre à son tempérament", je localise la recherche de Montaigne dans son début et dans sa fin d'une manière globale (aspect global):

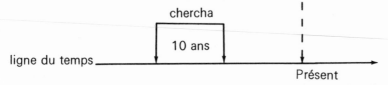

Si je dis maintenant, "Toute sa vie, Montaigne chercha dans chaque voyage des connaissances nouvelles", je localise ces actions répétées dans leur début et dans leur fin. Nous avons ici un aspect **itératif**, vu dans sa durée **globale**:

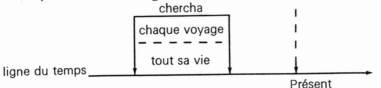

B. **Non localisé:** c'est-à-dire un fait vu dans son déroulement, dans sa progression:

Si je dis, "Montaigne cherchait sa voie quand il rencontra La Boétie", mon esprit se reporte à un instant localisé dans le passé ("quand il rencontra"). De l'autre action ("Montaigne cherchait") je ne puis ou ne veux savoir ni son début, ni sa fin, ni sa durée. La seule notion que j'exprime, c'est celle de son existence. On dit qu'une telle action ne peut pas être localisée. Certains pourront penser qu'il est possible de concevoir la phrase suivante: "En 1558, Montaigne cherchait sa voie quand il rencontra La Boétie":

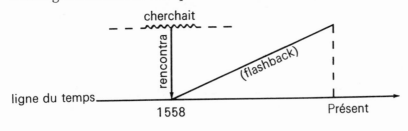

Dans cette phrase "1558" ne localise point "Montaigne cherchait", mais bien plutôt "quand il rencontra", car en effet, le sens est : "En 1558, Montaigne rencontra La Boétie" (action localisée). L'auteur ici ne nous dit pas que la recherche de Montaigne ait commencé ni se soit terminée en 1558. Il nous dit seulement que cette rencontre a eu lieu au cours de cette année-là.

Cinq sortes d'aspects peuvent se présenter dans un fait vu du passé :

1. Soit le fait est vu du passé dans son état ou sa progression **sans localisation de début ni de fin**. C'est l'aspect **duratif** (statique ou dynamique) qui se traduit en français par un **imparfait** :

Exemple: En sortant de chez lui, j'ai refermé la porte et je suis resté un moment dans le noir sur le palier. La maison **était** calme et des profondeurs de la cage d'escalier **montait** un souffle obscur et humide. (Camus, *L'Etranger*)

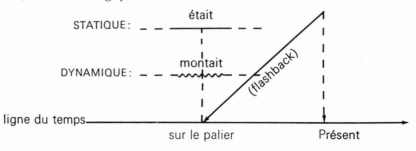

2. Soit le fait est vu du passé dans sa répétition au cours d'une période **indéterminée**. Ce sont les aspects **itératifs** ou **habituels** qui se traduisent en français par un **imparfait** :

Exemple: Balzac **visitait** les cimetières pour trouver des noms à ses personnages.

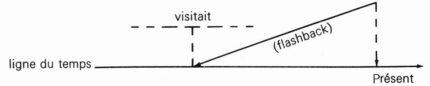

3. Soit le fait est vu du passé dans son début et sa fin **sans notion de durée**. C'est l'aspect **ponctuel**, traduit en français par **un passé simple** et quelquefois par un **passé composé** (Cf. Appendice I : Le Passé composé) :

Exemple: A trois heures précises, il **entra** (est entré).

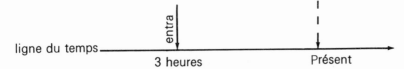

4. Soit **le début** du fait est localisé dans le passé. C'est l'aspect **inchoatif** qui se traduit en français par un **passé simple** ou par un **passé composé** (Cf. Appendice II: Le Passé compose):

Exemple: Sitôt arrivé à Paris, Rastignac **chercha** (a cherché) à se faire une place dans le beau monde.

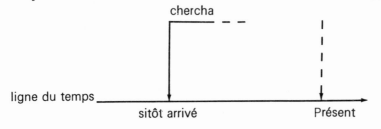

5. Soit **la fin** du fait est localisée dans le passé. C'est l'aspect **terminatif** qui se traduit en français par un **passé simple** ou par un **passé composé** (Cf. Appendice II: Le Passé composé):

Exemple: Pascal **chercha** (a cherché) Dieu jusqu'à sa mort.

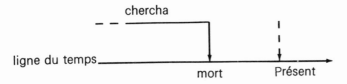

APPENDICE II

Etude des temps du présent et du passé

Le Présent

Le présent peut exprimer:

A. **Un fait présent** (action ou état):

Je suis triste.
J'étudie le français.

B. **Un fait habituel:**

Quand
Chaque fois que ⎫ j'ai faim, je vais au restaurant.
Toutes les fois que ⎭

C. **Un fait permanent** (action ou état):

La terre tourne autour du soleil.
Dieu existe.

D. En outre, le présent peut parfois exprimer **un passé immédiat:**

Il sort à l'instant.
Il vient de sortir.

Le Passé composé

Le passé composé peut exprimer:

A. **Un passé relié au présent:**

J'ai beaucoup travaillé *cette semaine.*

B. **L'antériorité par rapport au présent** et présenter les aspects suivants:

1. Global:

   Je puis vous renseigner sur Jean, car hier nous **avons passé** la journée ensemble. . . .

2. Itératif:

   . . . Jean m'**a parlé** à diverses reprises de lui-même et de ses projets. . . .

3. Inchoatif:

   . . . Je sais qu'il **a commencé** ses études à l'âge de six ans . . .

4. Terminatif:

   . . . et qu'il les **a terminées** à vingt-cinq ans.

C. **Un fait passé sans aucun rapport avec le présent.** En ce cas il remplace le passé simple. Cet emploi du passé composé se trouve habituellement dans la langue parlée et de plus en plus fréquemment dans la langue écrite moderne.

   "Vers trois heures, on **a frappé** à ma porte et Raymond **est entré.** Je **suis resté** couché. Il **s'est assis** sur le bord de mon lit." (Camus, *L'Etranger*)

   Les classiques se seraient sans doute exprimés ainsi:

   Vers trois heures, on **frappa** à ma porte et Raymond **entra.** Je **restai** couché, il **s'assit** sur le bord de mon lit.

L'Imparfait

Le terme "imparfait" porte en lui-même la notion d'imperfection, c'est à dire, de non-finition: ce temps donc s'emploiera pour présenter des **états** ou des **actions** vus dans leur progression.

Note 1. L'imparfait est un temps passé sans aucun rapport avec le présent.

Note 2. C'est aussi un temps psychologique qui permet à l'individu vivant dans le présent de se reporter dans le passé et d'observer des états ou des actions à un certain moment de leur manifestation. C'est un phénomène comparable au procédé "flashback" cinématographique où le personnage, dans le présent, revit (*relives*) des instants passés.

L'imparfait servira donc à présenter:

A. **Un état vu du passé à un certain moment** de son **existence.**

Exemple: Hier quand je suis sorti, le ciel **était** bleu.

Dans cet exemple, mon oeil contemple l'état du ciel à un moment de son existence: quand je suis sorti. Il est bien évident que cet état existait avant et après ma sortie.

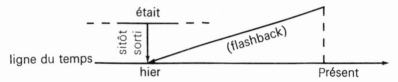

B. Une action vue du passé:
1. Dans sa progression:

Exemple: Quand il est entré, elle **chantait.**

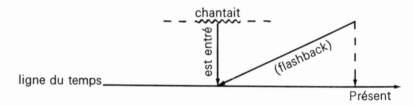

2. Dans sa répétition:

Exemple: À cette époque-là, il **fumait** la pipe.

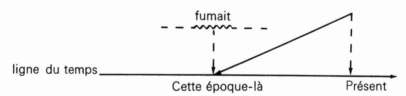

Note: Pour qu'une **action répétée** puisse s'exprimer à l'imparfait il faut qu'elle soit indéterminée dans son **nombre** et sa **durée.** Les actions ci-dessous ne peuvent s'exprimer à l'imparfait.

Nombre déterminé: A cette époque-là, j'**ai lu** trois livres.

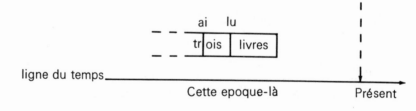

Durée déterminée: Le mois dernier, j'**ai lu** de nombreux livres.

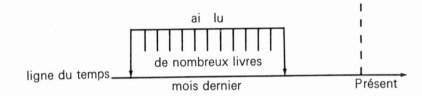

CONCLUSION

Il est important de noter que l'imparfait présente **toujours** un fait vu du passé. La difficulté majeure que rencontrent les étudiants de langue anglaise, c'est la distinction claire entre un fait vu du présent d'avec un autre fait vu du passé, car une même action peut être considérée soit du passé soit du présent:

A. **Action vue du passé:**

Exemple: Quand j'étais jeune, **je lisais** beaucoup.

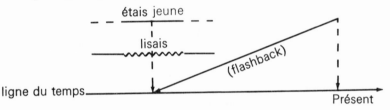

Mon esprit s'étant reporté au temps de ma jeunesse, je ne puis évidemment en voir ni le commencement ni la fin.

B. **Action vue du présent:**

Exemple: Durant ma jeunesse, j'**ai** beaucoup **lu**.

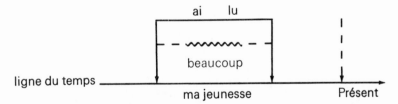

Ici je considère ma jeunesse sous une forme **globale** dans son début et dans son terme. Par conséquent l'action de lire est, elle aussi, considérée dans son début et dans son terme.

141

Le Plus-que-parfait

Dans un contexte donné, un verbe est rarement employé isolément. Plusieurs verbes établissent entre eux un rapport de temps (*time*) qui peut être soit l'antériorité, soit la simultanéité, soit la postériorité. Le plus-que-parfait est le temps (*tense*) normalement employé pour exprimer l'antériorité d'un état ou d'une action par rapport à un autre fait passé; de la même manière, le passé composé exprime une antériorité par rapport au présent (cf. "Le Passé composé" dans cet appendice).

Exemple: J'ai appris qu'il **avait réussi** à ses examens.

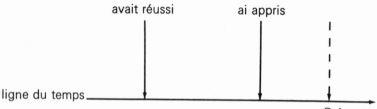

En anglais le *pluperfect* décrit généralement une action. Le plus-que-parfait français peut décrire, en plus de l'action, l'état qui en résulte. Par exemple:

*Comme il **était sorti**, je n'ai pas pu le voir.*

Cette phrase peut se traduire en anglais soit par:

*As he **had left**, I could not see him.* (action)

ou par:

*As he **was out**, I could not see him.* (état)

La phrase française exprime à la fois ces deux nuances. Il en est surtout ainsi des verbes conjugués avec "être".

Le Passé antérieur

I. DÉFINITION

Le passé antérieur est formé à l'aide du passé simple du verbe auxiliaire et du participe passé du verbe à conjuguer. Il s'emploie dans une proposition subordonnée introduite par **quand, lorsque, après que, dès** que, aussitôt que, à peine . . . que pour exprimer l'antériorité immédiate sur le verbe principal (au passé simple).

> Aussitôt qu'il **eut fini** son repas, il **sortit**.
> À peine l'**eut-il aperçue** qu'il **se leva**. (inversion obligatoire du sujet avec **à peine**)

II. COMMENT REMPLACER LE PASSÉ ANTÉRIEUR

Le passé antérieur est un temps uniquement littéraire, dont l'emploi a pratiquement disparu dans le langage parlé et tend à disparaître dans la langue écrite. Il peut se remplacer de la manière suivante:

A. **Par le passé surcomposé:** ce temps se forme à l'aide du passé composé du verbe auxiliaire et du participe passé du verbe à conjuguer. Le verbe principal se met alors au passé composé.

> Aussitôt qu'il **a eu fini** son repas, il **est sorti**.

B. **Par la proposition infinitive:** cette construction s'emploie avec **après**, pourvu que le sujet soit le même dans les deux propositions.

> Après **avoir fini** son repas, il **sortit** (**est sorti**).

C. **Par la proposition participiale:**
1. présent: cette construction s'emploie à condition que le sujet soit le même dans les deux propositions. Elle introduit une nuance de cause.

> **Ayant fini** son repas, il **sortit** (**est sorti**).

2. passé: cette construction s'emploie avec **aussitôt, à peine, une fois** ou sans aucun mot d'introduction.

> (Aussitôt, à peine, une fois) son repas **fini**, il **sortit** (**est sorti**).

D. **Par la proposition nominale:** cette construction s'emploie avec **dès** et **après**, à condition qu'il existe un substantif dérivé du verbe.

> Dès qu'il **fut arrivé**, il se coucha.
> Dès son **arrivée**, il se coucha.
> Après qu'il **eut marché** plusieurs heures, il se reposa.
> Après plusieurs heures **de marche**, il se reposa.

NOTE: Dans le cas d'une action itérative (habituelle), on emploierait le plus-que-parfait dans la proposition subordonnée et l'imparfait dans la proposition principale.

> (Chaque fois) Aussitôt qu'il **avait fini** son travail, il **sortait**.

APPENDICE III

Les Articles

L'Article défini

I. FORME

le, la, l', les
du, de la, de l', des (articles définis contractés)
au, à la, à l', aux (articles définis contractés)

NOTE: Ne pas confondre **du, de la, de l', des**—articles définis contractés—avec **du, de la, de l', des**—articles partitifs—et **des**—article indéfini pluriel.

II. EMPLOI

L'article défini s'emploie:

A. **Devant tous les noms pris dans un sens général** (sans idée de division). Cet emploi diffère de l'anglais, qui généralement omet l'article dans ce cas.

> **Le** *soleil* brille.
> **La** *France* est un pays touristique.
> **La** *famille* est la base de **la** *société*.
> Elle déteste laver **la** *vaisselle*.
> **L'***argent* ne fait pas le *bonheur*.
> **L'***erreur* est humaine.
> **Les** *enfants* sont pleins de curiosité.

B. **Devant les noms déterminés par la grammaticalisation.** La grammaticalisation est l'adjonction au nom d'un élément grammatical qui en limite le sens; cet élément peut être un complément de possession, une apposition ou une proposition adjective.

144

Le soleil *des tropiques* flamboie.
La France *du 17e siècle* . . .
La société *des nations* . . .
Va laver la vaisselle *qui est sur l'évier.*
Posez le livre *que vous tenez.*
Le petit monde *de don Camillo.*
Les enfants *de l'après-guerre* . . .
Le docteur *Schweitzer*
Le président *Kennedy*
Le général *de Gaulle*
La ville *de Paris*
} discours indirect

NOTE: Cependant, on dit sans article:

Monsieur *Dupont*
Madame *Dupont*
Mademoiselle *Dupont*
Maître *Ceyssac*
} discours direct et indirect
Docteur *Schweitzer*
Général, mon général
} discours direct

On dit aussi sans article:

Dieu (mais le Dieu *d'Abraham*)
Jésus-Christ (mais le Christ)

C. **Devant les noms déterminés par l'évidence,** c'est-à-dire le cas où le nom est déterminé en lui-même et peut se passer de grammaticalisation.

Va laver la *vaisselle.*
Posez le *livre* sur le *bureau.*
Le *médecin* va vous examiner.
Le *président* a prononcé son discours.
Est-ce que les *enfants* sont au lit?
Monsieur le président (*Mr. President*)
Monsieur le juge (*Your Honor*)
Monsieur l'agent (*Officer*)
} discours direct

D. **Pour exprimer la possession:**

1. lorsque l'identité du possesseur est évidente:

Fermez les yeux.
Levez la main.
Il marche les mains dans les poches, le chapeau sur la tête, la pipe à la bouche.

2. lorsque l'identité du possesseur est déterminée par l'adjonction d'un datif:

Il *lui* a pris **la** main.
Elle *lui* a lavé **les** mains.
Le médecin a pris **la** température *du malade*.
Il *s'*est lavé **les** mains.
Elle *s'*est mordu **la** langue.
Je *me* suis fait couper **les** cheveux.

NOTE 1: Les exemples précédents appartiennent à **la langue courante** et l'emploi du possessif dans ces cas-là est réservé normalement à **la langue enfantine**. Cependant le possessif peut s'employer dans **la langue littéraire** pour donner à l'idée une valeur affective:

LANGUE COURANTE: Il lui a pris **la** main.
VALEUR AFFECTIVE: Il lui a pris **sa** main.
Laissez-moi seulement mettre **ma** bouche sur votre visage. (Montherlant, *La Reine morte*)
Mais la maîtresse d'auberge ne l'écoutait plus, elle tendait **son** oreille à un roulement éloigné. (Flaubert, *Madame Bovary*)

Nous déconseillons cet usage aux étudiants à cause de sa difficulté.

NOTE 2: Lorsque la partie du corps est modifiée par un adjectif autre que "droit" ou "gauche" on emploie le possessif. Comparer:

Il m'a tendu **la** main gauche.
Il m'a tendu **sa main sale**.

Elle a fermé **les** yeux.
Elle a fermé **ses yeux bleus**.

Elle s'est lavé **les** mains.
Elle a lavé **ses mains graisseuses**.

III. RÉPÉTITION

L'article défini se répète en général devant **chaque** nom. Toutefois cette répétition est **facultative**:

A. Dans les énumérations:

Femmes, Moine, vieillards, tout était descendu. (La Fontaine, "Le Coche et la Mouche")

B. Dans les groupements par association:

les parents et amis
les oncles et tantes
les us et coutumes

IV. OMISSION

L'article défini s'omet généralement:

146

L'ARTICLE DÉFINI

A. Après la préposition *en*:

en France
en France d'outre-mer
en bonne et due forme
en vacances
en haut et en bas de la page

B. Après les prépositions *sans* et *avec* lorsque le nom est pris dans un **sens global**:

avec courage, avec ardeur, avec difficulté, avec amour, etc. . . .
sans courage, sans ardeur, etc. . . .
sans peur et sans reproche
sans argent et sans amis

NOTE: Cependant si le nom est grammaticalisé, on emploie l'**article défini**:

Il m'accueillit avec **la** politesse **qui lui est coutumière.**

Si le nom est pris comme représentant d'une espèce, on emploie l'**article indéfini**:

Il m'accueillit avec **une** politesse obséquieuse.

C. Après les prépositions formant avec le nom un complément déterminatif: (cf. Appendice IV: Le Complément déterminatif).

une salle de bain	un livre **de poche**
un coucher **de soleil**	un moulin **à vent**
un complément **de nom**	une tasse **à café**
un homme **de cœur**	un cœur **de pierre**
une brosse **à dents**	un sac **à main**

D. En tête d'un titre d'œuvre, d'une rubrique, d'une manchette de journal:

"Horace", Acte IV, Scène II
Composition française
Dictée
Exercices
Chapitre II
Plan: Introduction, développement, conclusion
Fin (*the end*)
Assassinat du Président Kennedy

L'Article partitif

I. FORME

du, de la, de l', des

II. EMPLOI

L'article partitif exprime **une certaine quantité d'un tout.** Ceci implique qu'on le trouve employé le plus souvent au singulier.

Il mange **du** pain, **de la** viande et **du** fromage. Mais il ne boit que **de** l'eau.

Des, partitif pluriel, ne se trouve guère que dans les expressions suivantes à sens collectif qui ne possèdent pas de singulier:

des épinards   **des** vacances

des conserves   **des** gens

L'Article indéfini

I. FORME

un, une, des (de)

L'article indéfini a la même origine et la même forme, au singulier, que l'adjectif numéral. Il peut donc traduire à la fois " *a* " et " *one* ". Il est important de noter qu'il possède un pluriel **des** qui n'éxiste pas en anglais: **des** livres est le pluriel de **un** livre; **des** est normalement employé comme article indéfini pluriel plutôt que comme article partitif.

II. EMPLOI

L'article indéfini s'emploie:

A. **Pour désigner** *un* ou *plusieurs* **objets particuliers** d'une espèce ou d'un groupe (valeur numérique).

J'ai mangé **une** pomme. (une certaine pomme)
J'ai mangé **des** pommes.

B. Au singulier seulement, **pour désigner un représentant d'une espèce.**

Un honnête homme n'agirait pas ainsi.
Une mère aime ses enfants. (toute mère, chaque mère)

C. **Pour désigner un aspect accidentel d'un objet.** On le trouve toujours devant un nom modifié soit par un adjectif soit par un complément déterminatif.

Balzac avait **un** respect *superstitieux pour les nombres.*
Un *pâle* soleil se levait à l'horizon.
Elle avait **un** *beau* sourire *radieux.*

Comparer avec:

Balzac avait **le** respect des nombres. (SENS GLOBAL)
Le soleil se levait à l'horizon. (DÉTERMINÉ PAR L'ÉVIDENCE)
Le sourire **d'un enfant** est un rayon de soleil. (DÉTERMINÉ PAR LA GRAMMATICALISATION)

III. RÉPÉTITION

L'article indéfini se répète normalement devant chaque nom.

Des voitures, **des** autobus et **des** bicyclettes circulaient dans la rue.

NOTE: Cependant, dans la langue littéraire, l'article peut s'omettre dans les énumérations.

Voitures, autobus et bicyclettes circulaient dans la rue.

IV. OMISSION

L'article indéfini s'omet:

A. **Devant un nom attribut non déterminé exprimant une profession, une nationalité, une religion.** Dans ce cas, ce nom prend une valeur adjective.

Il est médecin.
Elle est Américaine.
Nous sommes Bouddhistes.

NOTE: Si le nom est déterminé, il reprend sa valeur substantive. Il est alors précédé de l'article:

C'est **un** *excellent* médicin.
Edison est **un** Américain *célèbre.*

B. **Après l'adjectif exclamatif quel:**

Quelle belle journée!
Quel artiste!
Quelles scènes émouvantes!
Quels ennuis!

C. **Devant un nom en apposition:**

Les Femmes savantes, comédie de Molière, sera jouée à St. Louis.
Baudelaire, poète symboliste, a écrit *Les Fleurs du Mal.*

Les Articles partitifs—*du, de la, des*—et l'article indéfini *des*

I. EMPLOI

A. **Après la négation.** Ces articles se transforment en **de, (d')** lorsqu'ils modifient un nom négativé.

  Je n'ai pas **de** feu.
  Il ne boit jamais **d'**eau.
  Il n'a plus **d'**amis.

NOTE: Cependant, si la négation ne porte pas sur le nom les articles conservent toute leur valeur.

Je n'ai **pas de** l'argent pour le jeter par les fenêtres.

Dans cette phrase la négation ne porte pas sur **argent,** mais plutôt sur **jeter**: car en effet j'**ai de** l'argent, mais ce n'est pas pour le jeter par les fenêtres.

B. **Devant l'adjectif pluriel précédént un nom pris dans un sens indéfini,** l'article se transforme en **de.** Comparer:

Elle porte **des** toilettes élégantes.
Elle porte **de** *belles* toilettes.

Nous avons **des** amis sincères.
Nous avons **de** *très bons* amis.

NOTE: Lorsque l'adjectif et le nom forment une unité, on emploie la forme normale de l'article. On dira par exemple:

des jeunes gens (*youths*)
des jeunes filles
des petits pois (*peas*)
des petits pains (*rolls*)
des grands-parents
des vieilles filles (*spinsters*)
des bons mots (*witticisms*)

II. OMISSION

A. **Après certaines expressions de quantité telles que** *beaucoup de, peu de, assez de, trop de, sans, faute de,* **lorsqu'elles sont prises dans un sens indéterminé:**

Beaucoup de vin	Un kilo de sucre
Peu d'épinards	Une cuillerée de sirop
Trop d'amis	Une tonne de charbon
Assez d'efforts	Une livre de tomates
Sans idées	Un mètre de drap

EXCEPTION: Bien **du** travail, bien **des** ennuis, bien **de la** chance . . .

NOTE: Cependant, lorsque ces expressions de quantité précèdent un nom pris dans un **sens déterminé**, l'omission n'a pas lieu:

J'ai encore beaucoup **du** vin *que vous m'avez envoyé.*
Donnez-moi un kilo **du** sucre *que vous venez d'acheter.*
J'ai mangé une livre **des** tomates *de mon jardin.*

B. **Après certaines expressions verbales** actives ou participiales **employées dans un sens indéterminé,** telles que:

arroser de	entourer de
avoir besoin de	(s') habiller de (en)
baigner de	(se) munir de
changer de	orner de
(se) changer en	(se) parer de
se contenter de	remplir de
couvrir de	surmonter de
décorer de	(se) transformer en
(se) déguiser en	

un gâteau arrosé de cognac
un verre rempli (plein) d'eau
un ciel couvert de nuages noirs
une maison entourée d'arbres
Elle s'entoure d'amis.
Elle se pare de toilettes voyantes.
Il a besoin d'argent.

NOTE 1: Dans les expressions telles que: un verre d'eau, un panier de fraises, une cuillère de sucre, une tasse de café, etc., se trouvent sous-entendues les locutions **rempli de** ou **plein de**.

Un panier de fraises = un panier **plein de** fraises.

NOTE 2: Lorsque dans les expressions précédentes le nom est pris dans **un sens déterminé**, l'omission n'a pas lieu. On dit par exemple:

Un panier plein **des** fraises *que vous avez cueillies.*
Vous aurez besoin **des** livres *que vous venez d'acheter.*

APPENDICE IV

Les Adjectifs et les compléments déterminatifs

L'Adjectif

I. ACCORD DE L'ADJECTIF

L'adjectif s'accorde en genre et en nombre avec le nom qu'il modifie. Les accords irréguliers, étant simplement une question de mémoire, ne seront pas traités ici. L'étudiant voudra bien se reporter à son livre de grammaire habituel.

II. POSITION DE L'ADJECTIF

La question de la place de l'adjectif en français est extrêment complexe et comporte de nombreuses exceptions. Nous nous bornerons ici à examiner certains concepts et certaines tendances d'ordre général.

A. **Adjectifs qui suivent le nom :** Ces adjectifs ont un sens **analytique**, c'est-à-dire qu'ils distinguent le nom, qu'ils le classent dans une certaine catégorie. Parmi ces adjectifs, nous trouvons :

1. Ceux exprimant la forme, la couleur, le goût, la nationalité, la religion, l'état social, etc. :

une table **ovale**
un ciel **azur**
une pomme **acide**
un citoyen **américain**
un pasteur **protestant**
un quartier **bourgeois**

152

2. Les participes présents et passés:

une anecdote **amusante**
un débat **passionné**

3. Les adjectifs modifiés soit par un complément, soit par un adverbe en "-ment":

une poire **bonne à manger**
une fille **merveilleusement belle**

B. **Adjectifs qui précèdent le nom:**

1. Ceux pris dans un sens **synthétique,** c'est-à-dire, ceux qui sont liés au nom par un maximum de cohésion et qui forment avec lui un seul concept:

des **petits pois**
une **vieille fille**
un **jeune homme**
la **grasse matinée**
un **bon mot**

Possèdent un sens synthétique également les adjectifs qui éclairent une caractéristique sentie comme inhérente au nom:

mes **sincères condoléances**
mes **respectueuses salutations**
payer quelqu'un de **vagues promesses**
se bercer de **douces illusions**
un **gai luron**

2. *Certains adjectifs tels que*: beau, bon, gentil, grand, jeune, joli, petit, vieux, qui offrent avec le nom un maximum de cohésion sémantique et vocalique.

un **gentil** garçon
une **jolie** fille
une **vieille église**

3. Ceux qui sont pris dans un sens affectif. Comparer:

un **sinistre** présage: AFFECTIF
un endroit **sinistre**: ANALYTIQUE
un **noir** chagrin
une robe **noire**
mes **vertes** années
des fruits **verts**

4. Tout adjectif modifiant un nom propre:

l'**élégante** Jacqueline Kennedy
le **célèbre** Shakespeare
le **divertissant** Chaplin
l'**habile** Machiavel

C. Adjectifs qui changent de signification selon leur position:

1. Précédant le nom, les adjectifs ci-dessous ont une valeur **affective** (sens figuré). Suivant le nom, ils ont une valeur **analytique** (sens propre):

brave	grand	pauvre
cher	maigre	plat
doux	méchant	propre
faible	modeste	rude
galant	noble	triste

C'est un **brave** homme.   (bon et simple)
C'est un homme **brave**.   (courageux)

de **plates** excuses   (basses et serviles)
un toit **plat**   (qui ne forme aucun angle)

un **rude** coup   (violent)
une surface **rude**   (rugueuse)

un **triste** individu   (méchant ou mauvais)
un visage **triste**   (qui exprime la tristesse)

un **modeste** salaire   (petit)
une personne **modeste**   (humble)

2. Les adjectifs ci-dessous, bien que conservant une valeur **analytique,** en sont arrivés, au cours de leur association avec le nom, à prendre des **sens différents**, selon leur position.

ancien	différents	nouveau
certain	divers	seul
dernier	même	unique

mon **ancienne** demeure   (celle que j'habitais auparavant)
une voiture **ancienne**   (d'une autre époque)

un **certain** sourire   (une sorte de sourire)
une victoire **certaine**   (sûre, assurée)

la **même** histoire   (une histoire identique)
la vérité **même**   (la pure, l'exacte vérité)

D. Cas où plusieurs adjectifs modifient le nom:

1. Un adjectif modifie une **unité synthétique.** Cet adjectif précède ou suit l'unité selon sa position habituelle:

une jeune fille **intelligente**
une **jolie** jeune fille

2. Les deux adjectifs présentent une **valeur analytique,** c'est-à-dire que chacun d'eux ajoute au nom une caractéristique distincte. Dans ce cas, ils sont reliés par "et" et suivent généralement le nom.

une fille **jeune** et **jolie**
un étudiant **intelligent** et **travailleur**

NOTE: Il en est ainsi des adjectifs reliés par **mais** et **ou:**

un garçon **jeune** mais **sérieux**
un homme **jeune** ou **vieux**

E. Le complément d'adjectif: L'adjectif peut être modifié d'un complément introduit par une préposition ou par la conjonction.

un visage resplendissant **de joie**
un étudiant moyen **en anglais**
un exercice difficile **à faire**
une philosophie **autre que la mienne**

L'adjectif ainsi modifié suit toujours le nom.

Le Complément déterminatif

(Cf. Appendice III et Appendice V.)

Le complément déterminatif est introduit à l'aide d'une préposition et peut présenter avec le nom des relations diverses (but, destination, espèce, etc.).

Une difficulté de l'emploi du complément déterminatif vient du fait que l'anglais différencie moins que le français l'adjectif qualificatif de l'adjectif de relation. C'est ainsi qu'en français, un nom ou un verbe, ne pouvant pas s'employer comme adjectif, doit obligatoirement se relier au nom qu'il modifie par une préposition:

a sunset	un coucher **de soleil**
a garage door	une porte **de garage**
a washing machine	une machine **à laver**
a stone house	un maison **en pierre**

I. RELATIONS PRÉSENTÉES PAR LE COMPLÉMENT DÉTERMINATIF :

Le complément déterminatif est introduit le plus souvent par les prépositions **à, de, en.**

A. **Compléments déterminatifs introduits par la préposition** *à.*
Ces compléments peuvent présenter les relations suivantes :

1. Caractéristique physique, habillement, décor :

un homme **à barbe blanche**
l'homme **au complet gris**
un meuble **à l'italienne**
la vierge **à l'enfant**

2. Destination, usage, fonctionnement :

une maison **à vendre**
un verre **à vin**
une machine **à calculer**
un moteur **à essence**

3. Composition partielle :

une maison **à trois chambres**
une salade **aux anchois**

B. **Compléments déterminatifs introduits par la préposition** *de.*
Ces compléments peuvent présenter les relations suivantes :

1. Caractéristique morale :

un artiste **de talent**
une femme **de tête**
un homme **de sang-froid**

2. Composition totale :

un appartement **de trois pièces**
une salade **de tomates**

3. Espèce :

une chaise **de salon**
un vol **de nuit**
une maison **de campagne**
une voiture **de course**
un professeur **d'anglais**

4. Cause:

un mouvement **d'impatience**
un cri **de surprise**

5. Temps, lieu:

les visiteurs **du soir**
les écrivains **de la Renaissance**
le français **d'aujourd'hui**
l'homme **de Rio**
la porte **de droite**
l'appartement **du dessus**

6. Mesure:

un billet **de dix dollars**
une température **de 40 degrés**
une distance **de 200 milles**
une montre **de prix**

7. Contenu:

un verre **de vin**
une boîte **de bonbons**
une corbeille **de fruits**

8. Matière:

une main **de fer** dans un gant **de velours**

C. **Compléments déterminatifs introduits par la préposition** *en.*
Ces compléments peuvent présenter les relations suivantes:

1. Matière:

une maison **en briques**

2. Division, changement, forme:

une comédie **en quatre tableaux**
un clocher **en pointe**
une tragédie **en vers**

APPENDICE V

Les Prépositions

L'Emploi des prépositions

L'emploi des prépositions françaises présente de sérieuses difficultés à l'étudiant de langue anglaise pour les raisons suivantes :

1. L'infinitif en français se construit parfois avec **à** ou **de** sans raison vraiment logique (cf. Appendice VIII) :

   Il a décidé **de** venir.
   Il s'est décidé **à** venir.

2. Les prépositions anglaises et françaises ne coïncident pas toujours :

   *Milk is sold **by** the quart.*   Le lait se vend **au** litre.

3. En général, la préposition française n'a pas ou n'a plus la force de la préposition anglaise et demande dans certains cas à être amplifiée :

   *The train **from** Paris.*   Le train **en provenance de** Paris.

Ces deux derniers points vont être successivement étudiés dans ce chapitre au moyen d'une étude comparative.

I. ABOUT

A. **Imprécision de :**

1. Nombre, quantité, durée : **à peu près, environ :**

   Ils étaient **environ** trois mille.
   Vous en achéterez **à peu près** 3 kilos.
   Je l'ai vu il y a **environ** un mois.

2. Date : **vers** (+ l'article) :

   Je pense arriver **vers le** 10 mai.

3. Heure: **vers, vers les, sur les, à environ**:

Nous partirons **vers** midi (minuit).
Il arrivera **vers les** 4 heures.
Nous dînons **sur les** 7 heures.
L'orage éclata **à environ** 2 heures.

4. Lieu (sens de *around* et de *near*): **autour de, partout, à proximité**:

Regardez **autour de** vous.
Ces papiers traînaient **partout**.
Le patron est-il **à proximité**?

B. **Thème, sujet: de, sur, au sujet de, à l'égard de, sur le compte de**:

Parlez-nous **de** vos vacances.
Je vais m'informer **de** cela.
Un livre **sur** John Kennedy.
Je viens vous voir **à l'égard de** (**au sujet de**) cette affaire.
Il est inquiet **sur son compte** (**à son sujet**).

C. **Devant un infinitif: sur le point de, aller**:

Il était **sur le point de** répondre.
Il **allait** répondre.

D. **Idiotisme**: *How about* + participe présent ou + nom = **si** + imparfait:

Si nous allions au cinéma?
Si nous faisions une partie de bridge?

II. AFTER

A. **Temps, succession: après**:

l'un **après** l'autre
Il est arrivé **après** elle.

B. **Ressemblance: de**:

Il tient **de** son père.

C. **Imitation, copie: d'après** (cf. *from*):

Une aquarelle **d'après** Picasso.

D. **Verbes**: *To look after*:

La mère veille **sur** ses enfants.
L'infirmière s'occupe **de** ses malades.

III. AGAINST

A. Opposition: contre:

Il lutte **contre** l'insomnie.
envers et **contre** tous   *against the world*

B. Protection (cf. *from*): contre:

un vaccin **contre** la grippe

C. Lieu (proximité) (cf. *along, by*): le long de, contre:

Il y a un fil électrique **le long du** mur.
Le bureau est **contre** le mur.

D. Idée de fond: sur:

La cathédrale se dressait **sur** un ciel sombre.

IV. ALONG

A. Lieu: (cf. *against*): (tout) le long de, sur:

Il y avait des arbres (**tout**) **le long de** la rue.
Victoire **sur** toute la ligne!

B. Temps: depuis le début, toujours:

Je le savais **depuis le début.**
C'est ce que j'ai **toujours** dit.

V. AT (cf. *in*)

A. Temps (ponctuel): à:

Venez **à** 8 heures.
C'est **à** ce moment-là qu'il est entré.

B. Lieu (situation): en, dans:

en mer
en paix, **en** guerre
Un musicien **dans** l'âme. (*at heart*)

C. Domicile (cf. to): chez:

Il demeure **chez** ses parents.
Il est **chez** le coiffeur.

D. Opposition: contre, de, après:

Il est irrité **contre** moi.
Il ne cesse de murmurer **contre** son professeur.

160

Nous sommes tous irrités **de** sa conduite.
Le chien aboie **après** le facteur.
Elle crie constamment **après** son fils.

E. Verbes :

*to be surprised **at***	être surpris **de**
*to take offense **at***	se formaliser **de** (s'offenser **de**)
*to point **at***	montrer (du doigt)
*to look **at***	regarder
*to scoff **at***	railler
*to laugh **at***	rire **de**
*to blush **at***	rougir **de**
*to fire **at***	tirer **sur**
*to aim **at***	viser

F. Idiotismes :

to be at a loss	être embarrassé
at the worst	au pis aller
at issue	en question
at the same time	en même temps
to take someone at his word	prendre quelqu'un au mot
at hand (handy)	sous la main

VI. BY

A. Lieu (position) : **près de, à** :

près de la gare
près du feu
à mes côtés   *by my side (by me)*

B. Lieu (mouvement) : **par** :

Expédier un colis **par** le train.
Passer **par** le chemin le plus court.

C. Temps (situation) : **de, à** :

de jour
de nuit
à l'heure qu'il est   *by now*

D. Rapport, comparaison : **sur, à** :

Réglez votre montre **sur** la mienne.
Je m'en rapporte **à** vous (à votre décision).

E. Différence numérique : de :

trop long **de** 3 mètres
plus âgé **de** 5 ans

F. Prix, distribution : à :

u **à** un
Le lait se vend **au** litre.
louer une voiture **à** la journée

G. Dimension : sur :

trois mètres **sur** cinq

H. Origine (cf. *from*) : de :

Français **de** naissance
un livre **de** Balzac
un tableau **de** Picasso

I. Agent du passif (cf. Appendice VIII : Le Mode participe) :

un livre écrit **par** Balzac
un tableau peint **par** Picasso

J. Introduction d'un gérondif de cause, de manière (cf. in, on) : en :

Vous réussirez **en** faisant de gros efforts.

K. Idiotismes :

by force	de force
by guess	à vue d'œil, approximativement
by myself	seul(e)
By the way!	À propos !

VII. FOR

A. Temps :

1. Durée future vue du présent ou du passé, avec verbe inchoatif et idée d'intention : **pour** :

Il part **pour** un an.
Il est parti **pour** un an.

2. Durée inchoative vue du présent ou du passé : **depuis** :

Il travaille **depuis** deux jours.
Il travaillait **depuis** dix jours.

3. Durée en général avec verbe duratif sans idée d'intention: **pendant, durant** (ou sans aucune préposition):

Il a travaillé (**pendant, durant**) deux heures.
Il est resté en France (**pendant, durant**) dix jours.

B. Destination: pour, à + l'infinitif:

Des fleurs sont **pour** vous.
Une pilule **pour** le foie.
Cette voiture est **à** vendre.

C. Echange:

1. Certain: **contre**:

échanger une chose **contre** une autre

2. Douteux ou erroné: **pour**:

prendre une chose **pour** une autre   *to mistake for*
prendre ses désirs **pour** des réalités.
prendre **pour** acquis   *to take for granted*

D. Cause: pour, de:

Il a été emprisonné **pour** meurtre.
On l'a blâmé **de** sa conduite.
Elle a été punie **pour** avoir menti.

E. Protection:

Une pastille **contre** la toux

F. Verbes:

to look for	chercher
to run for	courir chercher
to ask for	demander
to send for	envoyer chercher
to apologize for	s'excuser **de**
to account for	expliquer
to fish for	pêcher
to thank for	remercier **de**
to vouch for	répondre **de**
to care for (*sentiment*)	se soucier **de**
to long for	soupirer **après**
to substitute for	substituer **à**

G. Idiotismes:

for example	par exemple
word for word	mot à mot
for anything	pour rien au monde
Run for your life!	Sauve qui peut!
the motive for his retirement	la raison de sa retraite
Smoking is bad for him	Fumer ne lui vaut rien.
for fear of	de peur de
for all I know	pour autant que je sache

VIII. FROM

A. Lieu (source, origine) (cf. *of*): de:

Il vient **de** la campagne.
Il arrive **de** New York.
des vins **de** France

B. Lieu (séparation): de:

Il est séparé **de** sa famille.
Ce restaurant est à quinze kilomètres **de** Paris.
distinguer une chose **d'**une autre

C. Temps (aspect inchoatif) (cf. *in*): dès, à partir de, dans, de ... en:

dès le début
à partir d'aujourd'hui
Il travaille **du** matin **au** soir.
dans trente ans
de demain **en** huit

D. Imitation, comparaison (cf. *after*): d'après:

d'après nature
d'après vous (**d'après** ce que vous dites)
d'après son apparence

E. Verbes:

to drink from	boire **dans**
to take from	prendre **à**
to protect from	protéger **de** (contre)
to refrain from	s'empêcher **de** + l'infinitif

F. Idiotismes:

I don't know him from Adam.	Je ne le connais ni d'Eve ni d'Adam.
to drink from the bottle	boire à la bouteille
From: X ... (on a letter or package)	Expéditeur: X ...

IX. IN (Into)

A. Manière: de:

d'une manière habile
de toute façon

B. Manière (situation) (cf. *at*): en:

En imagination
en silence
Allez **en** paix
vivre **en** famille

C. Détail caractéristique (cf. *with*): en, à (cf. Appendice IV: Compléments déterminatifs):

l'homme **au** complet gris
la dame **en** blanc

D. Temps (durée, époque): en:

en juillet
en 1945
en été
(mais: au printemps, le matin, le soir)

E. Temps (aspect ponctuel) (cf. *at*): à:

au mois de juillet
au vingtième siècle

F. Temps:

1. Durée localisée dans le temps avec point de départ (inchoatif) (cf. *from*): dans:

Il aura fini **dans** trois heures. (*three hours from now*)

2. Durée globale non localisée dans le temps: en:

Je puis faire cela **en** trois heures. (*any time in three hours*)

G. Lieu (cf. *at*): à, dans, en

à Paris
à la bibliothèque
au Mexique
au soleil
au clair de lune
dans ma chambre
en France
(mais: **sous** la pluie)

H. **Changement, division**: en:

> changer l'eau **en** vin
> comédie **en** trois actes

I. **Introduction d'un gérondif de cause, de manière** (cf. *by, on*): en:

> **En** agissant de la sorte (*in so doing*), il arrivera à ses fins.

J. **Verbes**:

to indulge in	s'adonner **à**
to consist of	se composer **de** (+ nom)
to consist in	consister **à** (+ infinitif)
to believe in	croire **à** (quelque chose)
to have faith in	**en** (quelqu'un)
to look into	examiner
to deal in	faire le commerce **de**
to have confidence in	se fier **à**
to lack in	manquer **de**
to delight in	se plaire **à**
to rejoice in	Se réjouir **de**
to succeed in	réussir **à** (+ infinitif)

K. **Idiotismes**:

one in a hundred	un sur cent
in my time	de mon temps
in all likelihood	selon toute probabilité

X. *OF* (cf. Appendice IV: Les Compléments déterminatifs):

A. **Lieu, origine** (cf. *from*): **de**:

> produits **de** France

B. **Contenu**: **de**:

> une tasse **de** café
> un recueil **de** poèmes

C. **Matière**: **de, en**:

> 1. Au sens propre: **de** ou **en** sont généralement interchangeables:

> une robe **de** coton (**en** coton)
> une maison **en** briques (**de** briques)

> 2. Au sens figuré: toujours **de**:

> un cœur **de** pierre
> mon âme **de** cristal
> un baiser **de** feu

D. Cause: **de** (cf. *with* et Appendice IV: Les Compléments déterminatifs):

mort **de** faim (soif, froid)
un tremblement **de** peur (colère)

E. Verbes:

to approve of	approuver
to know of	connaître
to get rid of	se débarrasser **de**
to think of	penser **à**
to dream of	rêver **à**

XI. *ON*

A. Lieu: **sur**

Il posa son devoir **sur** le bureau.

B. Date: Devant une date, la préposition anglaise *on* ne s'exprime pas.

Il arrivera lundi.
Il arrivera le 25 juin.
Nous travaillons le dimanche (*on Sundays*).

C. Introduction d'un gérondif exprimant le temps (cf. *by, in*): **en**:

Il siffle **en** travaillant.
Il a souri **en** me voyant.

D. Thème, sujet (cf. *about*): **de, sur**:

un livre **de** bridge
un article **sur** la Chine

E. Verbes:

to have pity on	avoir pitié **de**
to decide on	décider **de** (+ l'infinitif)
to rely on	se fier **à**
to put on	mettre (des vêtements)
to wait on	servir (quelqu'un)

F. Idiotismes:

on the train	**dans** le train
on the farm	**à** la ferme
on the street	**dans** la rue (mais: **sur** le boulevard, **sur** l'avenue)
on fire	**en** feu
It depends on him.	Cela dépend **de** lui.
She fell on her knees.	Elle est tombée **à** genoux.
He did it on purpose.	Il l'a fait exprès.
to travel on foot	voyager **à** pied

XII. *THROUGH*

A. **Lieu** (direction): **à travers, par**:

Il est entré **par** la fenêtre.
Nous sommes venus **à travers** la forêt.

B. **Cause, motif** (sens de *out of*): **par**:

Il a fait cela **par** amitié.

C. **Sens adverbial: de bout en bout, d'un bout à l'autre, jusqu'au bout**:

J'ai lu ce livre **de bout en bout** (**d'un bout à l'autre**).
Nous tiendrons **jusqu'au bout**. (*We'll see it through.*)

D. **Verbes**:

to see ***through***	percer à jour
to go ***through***	traverser

E. **Idiotismes**:

Let's go through with it.	Faisons-le.
They would not let us through.	Ils n'ont pas voulu nous laisser passer.
I am through with my homework.	J'ai fini mes devoirs.
He was wet through and through.	Il était mouillé jusqu'aux os.

XIII. *TO*

A. **Lieu** (direction) (cf. *at, in*): **à, en, chez, dans**:

Il est allé **à** Chicago.
Nous irons **en** Floride.
Je vais pêcher **dans** le Maine.
Rentrons **chez** nous.

B. **Relation morale: envers, pour**:

Soyez polis **envers** vos parents.
Soyez bons **pour** les animaux.

C. **Idiotismes**:

from . . . to . . .	de . . . en . . .
I'll bet you ten to one . . .	Je vous parie dix contre un . . .
He showed her to the door.	Il l'accompagna jusqu'à la porte.
I call your attention to this matter.	J'attire votre attention sur cette affaire.

XIV. *WITH*

A. Accompagnement: avec:

Il se promène **avec** son chien.

B. Détail caractéristique (cf. *in*): à (cf. Appendice IV: Les Compléments déterminatifs):

une fille **aux** yeux bleus
un élève **à** l'intelligence éveillée

C. Moyen:

1. Naturel: **de**:

Il envoya la balle **d'**une main sûre.
Il contemple le gâteau **d'**un œil gourmand.

2. Mécanique: **avec**:

Il envoya la balle **avec** sa raquette.
Il contemple les astres **avec** un télescope.

D. Cause: de:

trembler **de** peur
rire **de** joie

E. Verbes:

*to charge someone **with***	accuser quelqu'un **de**
*to have dealings **with** someone*	avoir affaire à quelqu'un
*to deal **with** something*	s'occuper **de**
*to begin **with***	commencer **par**
*to entrust someone **with** something*	confier quelque chose à quelqu'un
*to meet **with** (accidental)*	être victime **de**
*to meet **with***	subir
*to be angry **with***	se fâcher **contre**
*to interfere **with***	se mêler **de**
*to cope **with***	faire face à
*to put up **with***	tolérer

L'Amplification des prépositions

La préposition française, moins chargée de sens, moins dynamique que son équivalent anglais, est souvent amplifiée au moyen de:

A. Une locution prépositive:

the plane *to* New York	l'avion **à destination de** New York
From *Jim (on a gift)*	**De la part de** Jacky
an invitation from her	une invitation **de** sa **part**
a letter written by me	une lettre écrite **de** ma **main**
from *8 o'clock on*	**à partir de** 8 heures
some of them	certains **d'entre** eux
his attitude toward me	son attitude **à** mon **égard**
worried about you	inquiet **à** votre **sujet**
She is after a husband.	Elle est **à la recherche** d'un mari.
my book for yours	mon livre **en échange** du vôtre
Intercede for him.	Intercédez **en** sa **faveur.**
under *this contract*	**d'après les termes de** ce contrat
I got this through him.	J'ai obtenu cela **par** son **intermédiaire.**
He uses the cup as an ashtray.	Il se sert de la tasse **en guise de** cendrier.
a reception for the senator	une réception **en l'honneur du** député

B. Une proposition relative:

the world around us	le monde **qui** nous **entoure**
the path to the lake	le sentier **qui mène au** lac
his hatred for you	la haine **qu'il éprouve à** votre égard
his friendship for you	l'amitié **qu'il** vous **témoigne**
the young student from France	le jeune étudiant **qui vient de** France
the people with me	les gens **qui m'accompagnent**
the man next to me	l'homme **qui est à** mes côtés
a smile on his face	un sourire **qui éclairait** son visage

C. Un participe passé ou présent:

the trees around the square	les arbres **entourant** la place
a board with this inscription	un panneau **portant** cette inscription
a book on this topic	un livre **traitant de** ce sujet
the verbs in this category	les verbes **appartenant à** cette catégorie
the joy on his face	la joie **peinte sur** son visage
a house on the side of a hill	une maison **perchée au** flanc d'une colline
an accusation against him	une accusation **portée contre** lui
an insult to common sense	un défi **porté au** bon sens
a toast to your health	un toast **porté à** votre santé
a child on a bike	un enfant **monté** sur un vélo
people from Chicago	des gens **venus de** Chicago
a shot from the house	un coup de feu **parti de** la maison

D. Un infinitif:

Send for the doctor.	Envoyez **chercher** le médecin.
He went out for beer.	Il est allé **acheter** de la bière.

L'AMPLIFICATION DES PRÉPOSITIONS

He *went out for a beer.*	Il est allé **prendre** une bière.
He *went out for breakfast.*	Il est allé **prendre** son petit déjeuner.
The *manager was sent for.*	On fit **venir** le gérant.
I *helped the old lady across the street.*	J'ai aidé la vieille dame **à traverser** la rue.
Will *you help me up the stairs?*	Voudriez-vous m'aider **à monter** l'escalier?
Help *me out of the car.*	Aidez-moi **à descendre** de voiture.
Help *me over the ditch.*	Aidez-moi **à franchir** le fossé.

NOTES SUR L'AMPLIFICATION

1. Lorsque l'expression introduite par une préposition forme avec le nom qu'elle modifie un complément déterminatif (cf. Appendice IV: Le Complément d'adjectif) dans lequel la valeur **adjective** est fortement sentie, la préposition n'est pas amplifiée:

> un remède **contre** la grippe
> sa joie **de** vivre
> les essais **sur** l'existentialisme
> une machine **à** calculer

2. Par contre, si l'expression introduite par la préposition présente une valeur nettement **adverbiale**, l'amplification est nécessaire et se fait normalement à l'aide d'un verbe:

> Cette accusation **portée contre** moi (*against me*).
> le monde **qui l'entoure** (*around him*)
> un chemin **qui mène à** la ferme (*to the farm*)
> l'homme **qui se trouve à côté de** moi (*next to me*)

Notons que, la plupart du temps, les expressions ci-dessus présentent une idée de **lieu** ou de **temps**. Cette idée peut se rendre par la préposition **de** sans amplification, lorsque la relation entre les deux éléments est si forte qu'elle tend à former une unité conceptuelle (cf. Appendice IV: Le Complément déterminatif):

the Chicago highway	la route **de** Chicago
the 3 o'clock plane	l'avion **de** trois heures
the man in the street	l'homme **de** la rue

3. Dans le case no. 2, c'est-à-dire celui du nom modifié par une expression adverbiale, il est rare en français d'employer un adjectif possessif, comme le fait l'anglais:

his affection for his mother	la tendresse **qu'il porte** à sa mère
her happiness at seeing him	le bonheur **qu'elle ressent** à le voir
his need to philosophize	le besoin **qu'il éprouve de** philosopher
his challenge to the enemy	le défi **qu'il lance** à l'ennemi

Le Subjonctif

Le mode subjonctif présente aux étudiants de langue anglaise de sérieuses difficultés pour deux raisons :

1. Ce mode n'a pratiquement pas d'équivalent en anglais, sauf dans certaines phrases toutes faites, du genre de *"if I were"* (qui ne se traduit d'ailleurs pas par un subjonctif en français) et de *"God save the Queen"*.

2. Le subjonctif français est un mode psychologique qui sert à présenter les faits, non d'une manière rationnelle, comme le mode indicatif, mais d'une manière affective. Il se prête donc tout naturellement à l'expression des émotions.

   Si je dis, par exemple, "Il est riche" ou "Il n'est pas riche", je communique deux faits pris dans leur réalité concrète. Même dans la phrase : "Est-il riche ?", je demande à mon interlocuteur une simple réponse objective dans laquelle n'entre aucun facteur psychologique.

   Au contraire, si je dis : "Croyez-vous qu'il soit riche ?" je réclame de mon interlocuteur une opinion affective, c'est-à-dire une réalité teintée de ses sentiments personnels.

Du point de vue pratique on peut considérer deux types de subjonctifs : le subjonctif **obligatoire**, qui n'exige qu'un effort de mémoire, et le subjonctif **facultatif**, dont l'emploi, plus délicat, dépend essentiellement de l'idée exprimée qui doit être analysée au préalable.

Le Subjonctif obligatoire

A. Dans la proposition principale et indépendante :

On le trouve dans certaines locutions figées telles que :

Vivent les vacances!	Dieu vous **protège**.
Sauve qui peut!	Halte-là, qui **vive**!
Qu'à cela ne **tienne**.	Pas que je **sache**.
Grand bien vous **fasse**.	

De plus, il s'emploie pour remplacer la troisième personne de l'impératif qui manque en français:

Qu'il **se débrouille**!
Qu'il **aille** au diable!

Il est intéressant de noter que, dans les cas précédents, la proposition est en fait dépendante d'une proposition elliptique telle que par exemple:

Je prie que Dieu vous **protège**.
Je souhaite que grand bien vous **fasse**. (ironique)
Faites qu'il **aille** au diable.

B. **Dans les propositions subordonnées circonstancielles de:**

1. **Temps**: après certaines conjonctions exprimant la postériorité telles que **avant que, en attendant que, jusqu'à ce que.**

   *En attendant qu'*il **vienne**, prenons l'apéritif.

2. **But**: après les conjonctions **afin que, de crainte que, de façon que, de peur que, pour que, de sorte que, que** (précédé de l'impératif), etc.

   Laissez-lui un mot *de façon qu'*il **puisse** savoir où nous allons.
   Approchez *qu'*on vous **voie** mieux.

Il ne faut pas confondre le but et la conséquence, car en effet la conséquence est un fait réel exprimé par l'indicatif, alors que le but ne présente que la possibilité de ce fait et demande le subjonctif:

BUT: Nous l'avons aidé *de sorte qu'*il **puisse** réussir à son prochain examen.
CONSÉQUENCE: Nous l'avons aidé *de sorte qu'*il **a** enfin **réussi**.

3. **Cause fausse**: après les conjonctions **non que** et **ce n'est pas que.**

   Il a réussi à son examen, *non qu'*il **soit** particulièrement intelligent, mais il a beaucoup travaillé.
   S'il ne comprend pas, *ce n'est pas qu'*il **soit** borné, mais le problème est fort mal présenté.

4. **Concession**: après les conjonctions **bien que, pour . . . que, quelque . . . que, qui que ce soit qui (que), quoique, quoi que, soit que . . . soit que, tout . . . que,** etc.

Pour grands *que* **soient** les rois, ils sont ce que nous sommes. (Corneille)
Quelque désir *que* vous **ayez** de partir, il vous faudra attendre.
Qui que ce soit qui m'**appelle**, répondez que je suis sorti.
Quoi que vous **puissiez** dire, je ne vous crois pas.

Il n'a pas assisté à la réunion, *soit qu*'on ne l'**ait** pas **prévenu**, *soit qu*'il **ait** oublié.

Tout savant *qu*'il **soit,** il ne m'impressionne pas.

5. **Restriction**: après les conjonctions **sans que** et **à moins que . . .** (ne).

Il s'est suicidé *sans qu*'on **sache** pourquoi.
Nous ferons cette excursion *à moins qu*'il *ne* **pleuve.**

6. **Condition**: après les conjonctions **à condition que, à moins que, à supposer que** et **pourvu que.**

Nous ne ferons pas cette excursion *à moins qu*'il **fasse** beau.

Note: Dans la langue moderne, le subjonctif ne s'emploie plus après **si.** Il s'emploie cependant après **que** remplaçant **si**:

Si vous *étiez* riche et *que* vous **ayez** le temps, vous feriez le tour du monde.

C. **Dans les propositions nominales introduites par les verbes exprimant**:

1. **La volonté: commander, consentir à ce que, défendre, demander, empêcher, exiger, ordonner, permettre, prescrire, proposer, recommander, vouloir, il faut, il est nécessaire (obligatoire, essentiel, souhaitable), etc.**

Nous *consentons à ce que* vous **entrepreniez** ce voyage.

Note 1: Les verbes de déclaration tels que **dire, écrire,** et **avertir** peuvent introduire soit un fait réel, et sont alors suivis de l'indicatif, soit un concept de volonté, et sont alors suivis du subjonctif:

Ecrivez-lui qu'il *a réussi* à l'écrit et qu'il **vienne** passer l'oral.

Note 2: Lorsque l'acte volontaire est présenté comme décision immuable, on doit employer l'indicatif:

Le général *ordonne* que l'on **attaquera** à l'aube.
Le Président *décrète* que les impôts **seront augmentés** de dix pour cent.

2. **Les sentiments: aimer, avoir envie, craindre, désirer, être fâché, être heureux, préférer, regretter, souhaiter, trouver**

bon, vouloir bien, il vaut mieux, il est à craindre, il suffit, il est bon (mauvais, heureux, malheureux, regrettable), etc.

Il est à craindre qu'il n'**échoue**.

Pour obtenir cette bourse, *il suffit que* vous **passiez** un examen oral.

NOTE: Le verbe *espérer*, à la forme affirmative, introduit un indicatif.

Le Subjonctif facultatif

I. PROPOSITIONS NOMINALES

Certains verbes exprimant **le doute, l'incertitude, la dénégation** et qui, vu leur nature, devraient introduire le subjonctif, sont quelquefois suivis de l'indicatif lorsque l'élément subordonné est présenté comme un fait si réel que l'élément affectif (verbe principal) en est atténué. Dans la plupart des cas, il s'agit des formes interrogatives et négatives des verbes suivants: **contester, croire, disconvenir, douter, ignorer, mettre en doute, nier, penser, se souvenir,** etc., **il arrive, il est certain (clair, douteux, évident, possible, probable, vrai, faux, vraisemblable, invraisemblable), il semble,** etc. Dans les exemples ci-dessous il convient d'analyser l'idée, car l'emploi du subjonctif ou de l'indicatif dépend essentiellement du contexte:

Je *ne disconviens pas* qu'il **ait fourni** un sérieux effort.

1. Dans la phrase:

   a. Le professeur *ne croit pas* que je **suis** malade.

le fait que "je suis malade" est présenté dans sa réalité objective mise en relief. La phrase se comprend ainsi:

   Je suis malade, mais le professeur ne veut pas le croire.

Dans cette phrase:

   b. Le médecin *ne croit pas* que je **sois** malade.

"je sois malade" est présenté en dehors de la réalité objective comme un concept de l'esprit qui est mis en relief par "ne croit pas". La phrase pourrait se concevoir ainsi:

   À son avis, je ne suis pas malade.

2. Dans l'exemple:

   a. *Pensez-vous* maintenant que Jean **a** raison?

le relief porte sur " Jean a raison " qui est présenté comme un fait réel. Cette phrase peut s'analyser de la manière suivante : la question est posée à un interlocuteur qui niait le fait que Jean avait raison. Après discussion qui a dû le convaincre du contraire, la question appelle une réponse affirmative. La phrase pourrait se transposer ainsi :

> Vous pensiez que Jean avait tort. Êtes-vous convaincu maintenant qu'il a raison ?

Dans la phrase :

> b. *Pensez-vous* toujours que Jean **ait** raison ?

" ait raison " est présenté comme irréel, c'est-à-dire en dehors de la réalité objective. Cette phrase peut s'analyser de la manière suivante : la question est posée à un interlocuteur qui pensait que Jean avait raison. Après discussion qui a dû le convaincre du contraire, la question appelle une réponse négative. La phrase pourrait se transposer ainsi :

> Vous pensiez que Jean avait raison. Êtes-vous convaincu maintenant qu'il a tort ?

3. Dans l'exemple :

> a. Il *ignore* que vous **avez réussi.**

encore une fois, la proposition nominale exprime la réalité objective. Cette phrase peut se transposer ainsi :

> Vous avez réussi, mais il ne le sait pas.

Dans la phrase :

> b. J'*ignore* que vous **ayez réussi.**

la proposition nominale est cette fois présentée comme une incertitude. On pourrait dire :

> Vous avez peut-être réussi, mais je n'en sais rien : mettez-moi donc au courant.

4. La phrase :

> a. J'*ai nié* qu'il **avait menti.**

signifie qu'il a menti en effet, et que moi (*shame on me!*) bien que le sachant, je l'ai nié.

Dans le contexte de :

> b. J'*ai nié* qu'il **ait menti.**

le mensonge n'est présenté ni comme réel ni comme irréel, mais comme incertain dans l'esprit de celui qui parle.

5. Dans la phrase:

   a. *Il n'est pas certain* qu'il **a terminé** ce travail en une heure.

Ici, un élément est présenté comme réel; c'est: "il a terminé". L'élément d'incertitude porte sur "en une heure", c'est-à-dire que l'idée pourrait se concevoir ainsi:

> Il a terminé ce travail, mais il n'est pas certain que ce **soit** en une heure. En fait, dans mon esprit, c'est même improbable!

   b. *Il n'est pas certain* qu'il **ait terminé** ce travail à l'heure qu'il est.

Ici, l'élément d'incertitude porte sur "ait terminé". La phrase peut se comprendre ainsi:

> À mon avis, il peut avoir terminé ou non ce travail à l'heure qu'il est, mais cela n'est pas certain.

6. Dans la phrase:

   a. *Il semble* que vous **avez** tort.

"vous avez tort" est présenté comme un fait réel et "il semble" ne fait qu'atténuer cette dure vérité.

   b. *Il semble* que vous **ayez** tort.

Cette phrase signifie:

> À mon avis (mais je peux me tromper), vous avez tort.

7. Dans l'exemple:

   a. Ce jour-là, *il arriva* qu'elle **commit** une erreur.

encore une fois, la proposition subordonnée exprime un fait réel, d'où l'indicatif.

   b. *Il arrive* parfois qu'elle **commette** une erreur.

Cette fois, la proposition subordonnée exprime une action occasionnelle et restrictive qui peut se produire ou non.

Nous venons de voir dans les sept exemples précédents que le contexte pouvait présenter un degré plus ou moins grand de subjectivité ou d'objectivité, nécessitant soit l'emploi du subjonctif, soit celui de l'indicatif.

D'autre part, il est certains verbes qui ont en eux-mêmes une valeur plus ou moins subjective et régissent normalement soit l'indicatif soit le subjonctif:

SUBJONCTIF		INDICATIF	
Il est possible		Il est probable	
Il est peu probable		Il est certain	
Il est impossible		Il me semble	
Il se peut	qu'il **fasse** beau	Je me doute	qu'il **fera** beau
Il est faux		Il paraît	
Il est invraisemblable		Il est clair	
Il est douteux		et les formes affirmatives de:	
		croire	
		penser	
		savoir	

II. PROPOSITIONS ADJECTIVES

A. **Dans certaines propositions relatives dont l'antécédent est indéfini ou d'ordre général,** on emploie le subjonctif pour indiquer que la qualité de cet antécédent est souhaitable ou désirée, mais non nécessairement conforme à la réalité objective. Dans ces mêmes propositions, on emploie l'indicatif pour exprimer la réalité objective de cette qualité. Là encore, l'analyse de l'idée est essentielle.

1. La phrase:

a. Je cherche une librairie qui **est** près de l'université.

signifie qu'il existe une librairie près de l'université et que c'est cette librairie que je cherche. On peut noter que "une" n'est pas vraiment indéfini mais **exclusif.**

b. Je cherche une librairie qui **soit** près de l'université.

Dans cette phrase, il n'est pas certain qu'une telle librairie existe, d'où le subjonctif d'incertitude.

2. Dans la phrase:

a. Je connais une personne à qui on **peut** se fier.

l'existence de la personne est présentée comme réelle.

Dans la phrase:

b. Je ne connais personne à qui on **puisse** se fier.

la non-existence de la personne n'est pas présentée comme une réalité mais comme un concept de l'esprit.

178

B. **Dans les propositions relatives modifiant un superlatif** le processus précédent est suivi:

1. Dans l'exemple:

  a. C'est *la plus grande* maison que j'**ai visitée**.

parmi plusieurs maisons, j'indique que c'est la plus grande de ces maisons que j'ai visitée. On peut comprendre la phrase ainsi:

  J'ai visité la plus grande maison.

et la construction relative n'est autre qu'une mise en relief (cf. Appendice X: La Mise en relief du complément d'objet direct).

  b. C'est *la plus grande* maison que j'**aie visitée**.

Dans cet exemple, la dimension de la maison est présentée comme une opinion personnelle. On pourrait s'exprimer ainsi:

  À mon avis, je n'ai visité aucune maison plus grande.

2. On pourrait exprimer la phrase:

  a. C'est *l'unique* faute que vous **avez faite**.

ainsi:

  Vous avez fait une faute, la voilà. (RÉALITÉ OBJECTIVE)

Et l'on pourrait exprimer:

  b. C'est *l'unique* faute que vous **ayez faite**.

ainsi:

  À mon avis (et je ne suis pas infaillible), c'est votre seule faute·
  (RÉALITÉ SUBJECTIVE)

L'Emploi des différents temps du subjonctif

Le mode subjonctif comprend quatre temps: **le présent, le passé, l'imparfait** et **le plus-que-parfait**. L'emploi de ces deux derniers temps est limité de nos jours, pour des raisons d'euphonie, à la langue littéraire et au langage oratoire. Même dans ces deux cas, ces temps ne sont plus guère usités qu'à la troisième personne et sont supplantés par le présent et le passé.

Le temps employé dans la proposition subjonctive est dépendant du verbe de la principale par rapport auquel il peut avoir une relation d'antériorité, de simultanéité, ou de postériorité.

VERBE PRINCIPAL	VERBE SUBORDONNÉ AU SUBJONCTIF		
	ANTÉRIORITÉ	SIMULTANÉITÉ	POSTÉRIORITÉ
Présent ou Futur ou Passé composé	Passé	Présent	Présent
Passé simple	Plus-que-parfait (ll)	Imparfait (ll)	Imparfait (ll)
Imparfait ou Conditionnel	Passé (lc) ou Plus-que-parfait (ll)	Présent (lc) ou Imparfait (ll)	Présent (lc) ou Imparfait (ll)

ll = langue littéraire
lc = langue courante

D'après ce qui précède, on peut constater que le bon usage du subjonctif met à l'épreuve et développe les deux facultés essentielles de l'esprit: le jugement et la mémoire.

Considérations sur le style:
Remplacement du subjonctif

Dans certains cas, il est possible et même recommandé de remplacer la proposition subjonctive par une proposition infinitive, nominale ou elliptique. La phrase s'en trouve allégée d'autant.

I. COMMENT REMPLACER LE SUBJONCTIF DANS LES PROPOSITIONS CIRCONSTANCIELLES

A. **Régulièrement par une proposition infinitive** si les sujets sont identiques, à l'aide des prépositions suivantes:

1. **Temps: avant de, en attendant de.**

Il a déjeuné **avant de partir.**

2. **But: afin de, de crainte de, de façon à, de peur de, pour.**

Il s'est équipé **pour pêcher la truite.**

3. **Cause fausse: non pour . . . mais pour.**

Il a été arrêté, **non pour avoir volé, mais pour** avoir injurié un agent.

4. **Restriction: sans.**

Il est parti **sans faire de bruit.**

5. **Condition: à condition de, à moins de.**

A condition d'être riche, il verra s'ouvrir toutes les portes.

B. **Parfois par une locution substantive,** à condition qu'il existe un substantif approprié. Cet emploi est d'un style élégant:

1. **Temps: avant, en attendant, jusqu'à.**

Il a déjeuné **avant son départ.**

2. **But: pour, de crainte de, de peur de.**

Il s'est équipé **pour la pêche à la truite.**

3. **Cause fausse: non pour.**

Il a été arrêté, **non pour vol,** mais pour injures à un agent.

4. **Restriction: sans** (sujets identiques).

Il est parti **sans bruit.**

C. **Rarement par une construction elliptique:**

1. **Concession: bien que, quoique.**

Bien qu'intelligent, il échouera.

2. **Condition:** (aucun mot de liaison).

Riche, il verra s'ouvrir toutes les portes.

II. COMMENT REMPLACER LE SUBJONCTIF DANS LES PROPOSITIONS NOMINALES

A. **Pour exprimer la volonté:**

1. **Par une proposition infinitive, si les sujets sont différents,** après les verbes suivants: **commander, défendre, demander, empêcher, ordonner, permettre, prescrire, proposer, recommander, il faut, il me faut, il est nécessaire (obligatoire, essentiel, souhaitable),** etc.

Je lui **ai ordonné de venir.**
Il l'**a empêché de sortir.**
Il leur **faut travailler.**
Il est essentiel d'agir promptement.

Note: Lorsque les sujets sont différents, **vouloir** (contrairement à l'anglais) ne peut être suivi que de la construction subjonctive :

I want him to come. Je *veux qu'*il **vienne.**

2. Parfois **par une locution substantive**, à condition qu'il existe un substantif approprié. Cet emploi est d'un style élégant :

Le dictateur **a ordonné son arrestation.**
Le médecin lui **recommande une opération.**
Ses ennemis **veulent sa mort.**

B. **Pour exprimer le sentiment :**

1. Régulièrement **par une proposition infinitive, si les sujets sont les mêmes,** après les verbes suivants : **aimer, avoir envie, craindre, désirer, être fâché, être heureux, préférer, regretter, espérer, souhaiter, trouver bon, vouloir bien.**

J'**ai envie** d'**aller** au cinéma.
Je **souhaite** le **trouver** en bonne santé.

2. Régulièrement **par une proposition infinitive** après les verbes impersonnels suivants, **si le sujet réel est indéfini : il vaut mieux, il suffit, il est bon (mauvais), il est regrettable,** etc.

Il vaut mieux prévenir que **guérir.**
Il est regrettable de **voir** choses pareilles.

3. Parfois **par une locution substantive,** à condition qu'il existe un substantif approprié (style élégant).

Je **désire sa victoire.**
Nous **sommes fâchés de votre échec.**
Il n'**espère** plus **sa venue.**

C. **Pour exprimer le doute, l'incertitude et la dénégation :**

1. Régulièrement **par une proposition infinitive, lorsque les sujets sont identiques,** après les verbes suivants : **contester, croire, disconvenir, douter, ignorer, nier, penser, se souvenir, être certain.**

Je ne **me souviens** pas l'**avoir dit.**
Elle ne **croit** pas l'**avoir rencontré.**
Nous ne **sommes** pas **certains** d'avoir raison.

2. Régulièrement **par une proposition infinitive,** après les verbes impersonnels suivants : **il arrive, il est possible, il m'arrive, il m'est possible, il me semble.**

Il arrive de **se tromper.**
Il **m'est arrivé** de **me tromper.**
Il **me semble avoir** raison quand j'affirme cela.

3. Parfois **par une locution substantive,** à condition qu'il existe un substantif approprié (style élégant).

Je conteste la véracité de ses affirmations.
Je **mets** en doute **son innocence.**
Elle ne **croit** pas à **la pureté** de ses intentions.
Nous ne **disconvenons** pas de **son mérite.**

Le Mode infinitif

Ce mode présente à l'étudiant de langue anglaise certaines difficultés pour deux raisons principales:

1. à cause de l'emploi différent dans les deux langues.

> *Exemples:* Il pense **être** en retard.
> *He thinks **that he is** late.*
>
> J'ai eu des difficultés **à terminer** mon devoir.
> *I had a hard time **finishing** my assignment.*
>
> Je veux **qu'il vienne.**
> *I want **him to come.***

2. à cause de la construction de la proposition infinitive en français qui peut être soit directe, soit précédée d'une préposition.

L'Infinitif direct

L'infinitif direct s'emploie:

A. **Comme sujet**:

> **Rire** est le propre de l'homme.
> **Partir,** c'est mourir un peu.

B. **Comme complément de verbe**:

1. de pensée, à sujets identiques:

croire	s'imaginer	savoir
compter	juger	sembler
se figurer	se rappeler	

Elle *se figure* **être** belle.

2. d'affirmation, à sujets identiques:

affirmer	écrire	reconnaître
déclarer	nier	soutenir
dire	prétendre	

Il *soutient* **avoir dit** la vérité.

3. de désir, de volonté:

a. à sujets identiques:

aimer (mieux)	devoir	pouvoir
daigner	espérer	préférer
désirer	oser	

Il n'*a* pas *daigné* me **répondre.**

b. à sujets différents:

envoyer	falloir
faire	laisser

Je l'*ai envoyé* vous **chercher.**
Il lui *a fallu* **repasser** son examen.

4. de perception:

a. à sujets différents:

écouter	regarder	voici
entendre	sentir	voir

Nous l'*avons entendu* **crier.**
Voici **venir** les vacances.

b. à sujets identiques:

s'écouter	se regarder	se voir
s'entendre	se sentir	

Elle *s'écoute* **parler.**
Il *se voyait* déjà **conquérir** le monde.

L'Infinitif précédé de *à*

L'infinitif précédé de *à* s'emploie:

A. **Comme attribut:**

Cette maison est *à* **vendre.**
Ces histoires sont *à* **dormir** debout.

Ce travail reste *à* **faire**.
Il est *à* **croire** que cela n'arrivera pas.

B. **Comme complément déterminatif d'obligation, de destination et d'usage** (cf. Appendice IV: Compléments déterminatifs):

C'est une maison *à* **vendre**.
Ce sont des histoires *à* **dormir** debout.
C'est un travail *à* **faire** pour demain.
Voilà une somptueuse salle *à* **manger**.
C'est une machine *à* **laver** automatique.

C. **Comme complément d'un adjectif** exprimant **l'habitude, l'aptitude**:

Il est lent *à* **agir**.
Ce gâteau est bon *à* **manger**.
Elle est belle *à* **croquer**.
Cela est facile *à* **comprendre**.

D. **Comme complément circonstanciel d'intensité** (manière):

Il gèle *à* pierre **fendre**.
Il mange *à* **s'en rendre** malade.
Elle chantait *à* **perdre** haleine.
Elle s'habille *à* **ravir**.

E. **Après les locutions prépositives de** *but*: *de manière à, de façon à,* à condition que les sujets soient semblables:

Dépêchez-vous **de manière à** ne pas **être** en retard.

F. **Comme complément d'objet** des verbes suivants:

1. verbes actifs:
   a. sujets identiques:

aimer	demander	recommencer
apprendre	en être réduit	rechigner
aspirer	exceller	répugner
avoir de la peine	hésiter	réussir
balancer	parvenir	songer
chercher	passer le temps	tarder
commencer	penser	tendre
concourir	persévérer	tenir
consentir	persister	travailler
conspirer	prendre plaisir	viser

Il en est réduit *à* **emprunter** de l'argent pour poursuivre ses études.

b. sujets différents :

aider	convier	enseigner
apprendre	décider	exciter
autoriser	dresser	exhorter
condamner	encourager	habituer
consister	engager	inviter
		provoquer

Elle lui a appris *à* **lire.**
Nous l'avons décidé *à* nous **suivre.**

2. verbes pronominaux :

s'abaisser	se disposer	se mettre
s'accorder	s'employer	s'obstiner
s'acharner	s'engager	s'offrir
s'amuser	s'ennuyer	se plaire
s'apprêter	s'essayer	se préparer
s'attacher	s'évertuer	se refuser
s'attendre	s'exposer	se remettre
se borner	se fatiguer	se résigner
se complaire	s'habituer	se résoudre
se déterminer	se hasarder	se risquer

Il se plaît *à* nous **taquiner.**

3. verbes impersonnels :

Il y a (quelque chose *à faire*)
Avoir (quelque chose *à faire*)
Il est (*à craindre, à prèvoir, à souhaiter,* etc. . . . que)
C'est (*à mourir* de rire)

L'Infinitif précédé de *de*

L'infinitif précédé de *de* s'emploie :

A. **Comme sujet, lorsque l'attribut est au début de la phrase** et après **les mises en relief** introduites par **c'est, c'est . . . que, il est :**

Son seul *plaisir* est *de* **peindre.**
C'est s'exposer au ridicule *que de* **s'exprimer** ainsi.
Il est impossible *de* **finir** à temps.

B. **Comme complément déterminatif** exprimant **la sorte, l'espèce** (cf. Appendice IV : Les Compléments déterminatifs) :

le désir *de* **réussir**
le besoin *d'***aimer**
la volonté *de* **vaincre**
la peur *de* **mourir**

C. **Après certaines prépositions** à condition que les sujets soient identiques : **à condition de, afin de, à force de, au lieu de, à moins de, au risque de, avant de, de peur de, en attendant de,** etc. :

À force de **paresser,** il finira par échouer.

D. **Comme complément d'objet** des verbes suivants :

1. verbes actifs :

   a. sujets identiques :

accepter	éviter	oublier
achever	feindre	promettre
affecter	finir	proposer
ambitionner	avoir hâte	être puni
brûler	avoir honte	refuser
cesser	jurer	regretter
avoir coutume	méditer	résoudre
décider	menacer	rire
désespérer	mériter	risquer
enrager	négliger	trembler
entreprendre	offrir	souffrir
essayer		

Elle brûle *de* se **faire inviter.**

   b. sujets différents :

accuser	dissuader	prier
avertir	éviter	proposer
blâmer	féliciter	punir
charger	ordonner	recommander
commander	pardonner	remercier
conseiller	permettre	reprocher
défendre	persuader	soupçonner
dire	prescrire	suggérer
dispenser	presser	supplier

On l'a blâmé *d'***avoir agi** de la sorte.

2. verbes pronominaux :

s'abstenir	s'applaudir	se contenter
s'accuser	s'aviser	se défendre
s'affliger	se charger	se dégoûter

se dépêcher	se glorifier	se presser
se dispenser	se hâter	se promettre
s'efforcer	se jurer	se proposer
s'empresser	se lasser	se réjouir
s'excuser	se permettre	se repentir
se fatiguer	se piquer	se reprocher
se féliciter	se faire un plaisir	se souvenir
se flatter	se faire un scrupule	se vanter
se garder		

Je me félicite *de* vous **voir**.
Il se pique *de* **parler** cinq langues.

3. verbes impersonnels:

il s'agit	il est difficile	il est question
il suffit	il est important	il est rare
il est bon	il importe	il est temps
il est fâcheux	il est nécessaire	il est utile
il est facile		

Il importe *de* bien **connaître** la vie de l'auteur.

L'Infinitif précédé de prépositions autres que *à* et *de*

A. **Pour**:

1. but:

Il travaille *pour* **gagner** sa vie.

NOTE: Après les verbes de mouvement, tels que: **venir, aller, sortir, partir,** etc., on omet le plus souvent la préposition:

Il *est descendu* en ville (*pour*) **faire** des courses.

2. cause:

Il a été puni *pour* **avoir menti**.

3. après les adjectifs précédés de **assez, trop,** pourvu que l'infinitif ait le même sujet que le verbe principal:

Il est *assez* âgé *pour* **voter**.
Il est *trop* poli *pour* **être** honnête.

B. **Par**: après les verbes indiquant une action initiale ou finale: **commencer, finir**:

Il a fini *par* **s'assagir**.

C. **Après** et **sans**: à condition que les sujets soient identiques:

> *Après* **avoir fait** la sieste, il sortit.
> Il m'a suivi *sans* **dire** un mot.

L'Infinitif absolu

L'infinitif absolu s'emploie:

A. **dans les phrases interrogatives** ou **exclamatives**:

> Comment **faire**? (*How can that be done?*)
> Que **répondre**? (*What can we say?*)
> Moi, **manger** du cheval! Jamais de la vie!

B. **dans les propositions relatives à antécédent indéfini**, après les verbes: **acheter, avoir, chercher, donner, savoir, trouver.**

> Avez-vous de quoi **vivre**?
> Il ne savait pas à quel saint **se vouer.**
> Il a trouvé à qui **s'adresser.**

C. **à la place de l'impératif** pour exprimer un **conseil**, une **indication**:

> **Compléter** les phrases suivantes ...
> En cas d'urgence, **s'adresser** à ...
> Pour plus de détails, **écrire** à ...
> **Ralentir**, école.

L'Emploi des temps de l'infinitif

Le mode infinitif comporte deux temps: **le présent** et **le passé**. Le présent s'emploie pour remplacer tous les temps simples de l'indicatif, du subjonctif et du conditionnel. Le passé remplace les temps composés de tous les modes.

> Je le vois *qui vient.* = Je le vois **venir.**
> Je pensais *que je la verrais.* = Je pensais la **voir.**
> Je ne crois pas *que je l'aie vu.* = Je ne crois pas l'**avoir vu.**
> J'espérais *que j'aurais fini à temps.* = J'espérais **avoir fini** à temps.

Le Mode participe et la voix passive

Le Participe présent

I. L'ADJECTIF VERBAL

A. **Forme**: Certains participes présents employés comme adjectifs possèdent une orthographe différente de la forme verbale propre:
   1. adhérent, convergent, différent, divergent, équivalent, excellent, influent, négligent, précédent, somnolent, violent. (Formes verbales: adhé**rant**, converge**ant**, etc.)
   2. extravagant, fatigant, intrigant, zigzagant. (Formes verbales: extrava**gu**ant, fati**gu**ant, etc.)

B. **Emploi**: L'adjectif verbal s'emploie normalement en français pour exprimer **une qualité permanente**:

   une étoile **filante**
   une soucoupe **volante**
   des sables **mouvants**
   une nouvelle **passionnante**
   une maison **accueillante**
   un visage **charmant**
   une aventure **navrante**

   Très souvent en anglais, l'adjectif verbal exprime **une qualité accidentelle**. Cet emploi est très rare en français, qui utilise alors une proposition relative.

   *the **retreating** man*   l'homme **qui s'enfuyait**
   *the **moving** car*   l'auto **(qui était) en marche**
   *the **approaching** storm*   l'orage **qui approchait**

II. LA DISTINCTION ENTRE LE PARTICIPE PRÉSENT ET L'ADJECTIF VERBAL

La distinction entre le participe présent et l'adjectif verbal, souvent difficile à établir, est néanmoins extrêmement importante, car le participe présent est toujours invariable, alors que l'adjectif verbal doit s'accorder en genre et en nombre avec le nom qu'il modifie.

En pratique, un participe présent se reconnaît à ce qu'il possède, soit:

1. un complément d'objet direct:

   ADJECTIF: J'ai rencontré hier une femme **charmante**.
   VERBE: J'ai rencontré hier une femme **charmant tout le monde** de ses sourires.

2. un complément d'objet indirect:

   ADJECTIF: C'est une histoire **différente**.
   VERBE: C'est une histoire **différant de l'ordinaire**.

3. un complément circonstanciel:

   ADJECTIF: Elle montait les escaliers d'une démarche **zigzagante**.
   VERBE: Nous l'avons aperçue **zigzaguant dans l'escalier**.

NOTE: Le participe précédé de l'adverbe possède une valeur d'adjectif. Suivi de l'adverbe, il a une valeur verbale:

   Il a des yeux **encore brillants**.
   Il a des yeux **brillant encore**.

III. LA PROPOSITION PARTICIPE

La proposition participe se forme soit à l'aide d'un participe présent, soit d'un gérondif.

A. **Le participe présent** s'emploie pour exprimer:

1. **Le temps**:
   a. **antériorité**: La proposition participe précède la principale, peut remplacer les conjonctions **après que**, **dès que**, **quand**, etc., et exige des sujets indentiques:

   Posant sa fourchette, il se leva.
   Ayant terminé son repas, il se leva.

   b. **postériorité**: La proposition participe suit la principale et exige des sujets identiques:

Il partit, **me laissant régler l'addition.**

   c. **simultanéité**: La proposition participe suit généralement la principale. Son sujet est le complément de la proposition principale:

Je l'ai vu arriver, **mâchonnant son cigare.**

2. **La cause**: La proposition participe remplace les conjonctions **comme, puisque, parce que**:

N'ayant pas travaillé, il a échoué.
Il n'a pu rentrer chez lui, **ayant oublié sa clef.**
Le sort lui étant contraire, il fit faillite.

3. **La condition**: La proposition participe remplace les conjonctions **si, au cas où, à condition que**, etc.

La chance aidant, j'atteindrai mon but.
Mes moyens me le permettant, j'irai visiter l'Europe.

B. **Le gérondif** est normalement précédé de **en**. Cette préposition peut être quelquefois sous-entendue, en particulier après les verbes **aller, s'en aller.** Le sujet de la proposition participe introduite par un gérondif **doit être normalement le même que celui de la principale.** Les quelques exceptions à cette règle sont à déconseiller à l'étudiant. Il s'emploie pour exprimer:

1. **la simultanéité**

Je l'ai regardé arriver **en mâchonnant mon cigare.**
Il s'en allait **(en) chantant à tue-tête.**
Il sifflait **en travaillant.**

   En, dans cet emploi, peut être mis en relief par **tout**:

Il m'attendait **tout en sirotant son apéritif.**

2. **la cause, la manière, le moyen**:

C'est **en forgeant** qu'on devient forgeron.
Vous aurez vite fini **en vous appliquant.**
On prépare un cocktail **en se servant d'un shaker.**

3. **l'opposition** le plus souvent avec **tout en** et **bien que**:

Tout en se prétendant mon ami, il m'a trahi.

IV. QUAND ET COMMENT ÉVITER LE PARTICIPE PRÉSENT

La construction participe, surtout au temps composé, étant lourde, elle peut être avantageusement remplacée à l'aide de plusieurs procédés dont voici les plus courants:

A. **Le participe présent d'antériorité ainsi que le participe présent à sens passif** peuvent se remplacer par un **participe passé**:

> **Ayant terminé son travail,** il alla au cinéma.
> **Son travail terminé,** il alla au cinéma.

> **Ayant passé son examen,** il poussa un "ouf".
> **Une fois son examen passé,** il poussa un "ouf".

> **Etant caché derrière un arbre,** j'observais la situation.
> **Caché derrière un arbre,** j'observais la situation.

> **Tous les invités étant arrivés,** on passa à table.
> **Tous les invités arrivés,** on passa à table.

B. **Après les verbes de perception,** on remplace régulièrement le participe présent par un **infinitif** (cf. Appendice VII: L'Infinitif direct):

> Nous avons vu les enfants **jouant dans le jardin.**
> Nous avons vu les enfants **jouer dans le jardin.**

C. **La proposition participe exprimant la cause** peut se remplacer soit par une **proposition infinitive** introduite par **pour**, soit par un substantif précédé de **pour**, à condition qu'il existe un tel substantif. Cette dernière construction est d'un style élégant:

> **Ayant volé,** il a été incarcéré.
> Il a été incarcéré **pour avoir volé.**
> Il a été incarcéré **pour vol.**

> **Ayant été insolent,** il a été puni.
> Il a été puni **pour avoir été insolent.**
> Il a été puni **pour insolence.**

Le Participe passé

I. LA PROPOSITION PARTICIPE

La proposition participe peut exprimer:

A. **La cause:**

Brisé de fatigue, il s'affala dans son fauteuil.
Terrorisé, je n'osais faire un geste.

B. **L'opposition**: précédé des conjonctions **bien que, quoique, même.**

Même ruiné, il menait toujours le même train de vie.
Bien qu'irrité, je gardais le sourire.

C. **Le temps:**

1. antériorité: précédé de **à peine, sitôt, une fois:**

À peine sorti de chez lui, il se fit écraser par une voiture.
Sitôt les invités partis, il termina le champagne.
Venez me voir **une fois votre travail terminé.**

2. simultanéité: Exprimant la simultanéité, la proposition participe peut s'appliquer soit au sujet du verbe principal, en ce cas elle précède, soit au complément de ce verbe, en ce cas elle le suit:

Caché derrière le coffre-fort, **l'inspecteur** observait le voleur.
L'inspecteur observait le **voleur caché** derrière le coffre-fort.

II. ACCORD DU PARTICIPE PASSÉ

A. **Le participe passé conjugué avec être** possède une valeur d'adjectif. Il s'accorde en genre, et en nombre, avec **le sujet** du verbe:

Elles sont **arrivées** à cinq heures.
Ils étaient **irrités** de sa conduite.

B. **Le participe passé conjugué avec avoir** s'accorde en genre et en nombre avec **le complément d'objet direct**, si celui-ci précède le verbe:

Où sont les **photos** qu'il a **prises** en vacances?
Je ne les ai pas encore **vues. Combien** en avez-vous **prises**?

NOTE: Dans les expressions **faire** . . . (bâtir, couper, cuire, photographier, etc.), le participe passé est toujours invariable:

Les photos que j'ai **fait** développer . . .

C. **Le participe passé des verbes pronominaux:**

1. Le participe passé des verbes pronominaux à sens réfléchi ou réciproque s'accorde en genre et en nombre avec le **complément d'objet direct** pourvu que celui-ci **précède** le verbe:

COMPLÉMENT D'OBJET INDIRECT: Elle **s'est** déjà **posé** cette question.
COMPLÉMENT D'OBJET DIRECT: Elle **s'est** déjà **posée** en arbitre.

COMPLÉMENT D'OBJET INDIRECT: Ils **se** sont **dit** leurs quatre vérités.
COMPLÉMENT D'OBJET DIRECT: Ils se **les** sont **dites.**

NOTE: Comme les verbes pronominaux à sens réfléchi ou réciproque sont dérivés de verbes actifs, pour déterminer si le pronom **se** est complément d'objet direct ou complément d'objet indirect, il suffit de considérer quel rôle il jouerait dans la construction active.

COMPLÉMENT D'OBJET DIRECT: Elle **s'**est regardée dans la glace. (C'est-à-dire: Elle a regardé **elle-même**.)

COMPLÉMENT D'OBJET INDIRECT: Les années **se** sont succédé. (C'est-à-dire: Elles ont succédé **à elles-mêmes**.)

2. Le participe passé des verbes purement pronominaux s'accorde toujours en genre et en nombre avec le pronom **se**.

Ils **se** sont approchés de nous.

La notion de verbe purement pronominal étant extrêmement complexe, nous donnons ci-dessous une liste des verbes de cette catégorie les plus usités:

PRONOMINAUX DONT LE PARTICIPE PASSÉ S'ACCORDE TOUJOURS AVEC LE PRONOM SE

s'absenter	s'écrier	se méfier
s'abstenir	s'écrouler	se méprendre
s'acharner	s'efforcer	se mettre (+ l'inf.)
s'acheminer	s'embusquer	se moquer
s'adonner	s'emparer	s'obstiner
s'affaiblir	s'empresser	se plaindre
s'agenouiller	s'en aller	se prélasser
s'apercevoir	s'endormir	s'en prendre (à)
(de *ou* que)	s'ennuyer	s'y prendre
s'approcher	s'envoler	se presser
s'arrêter	s'étonner	se railler (de)
s'attacher à (+ l'inf.)	s'évader	se raviser
s'attaquer	s'évanouir	se réfugier
s'attendre	s'évaporer	se réjouir
s'avancer	s'éveiller	se repentir
s'aviser de	s'évertuer	se répandre (passif)
se blottir	s'extasier	se résoudre (à)
se calmer	se féliciter (de)	se révolter
se chamailler	se hâter	se sauver
se dédire	s'infiltrer	se servir (de)
se démener	s'insurger	se soucier (de)
se disputer (avec)	se jouer (de)	se souvenir (de)
se douter	se lamenter	se suicider
s'échapper	se lever	se taire
s'écouler	se louer (de)	se tromper (de)

La Voix passive

Le passif présente de sérieuses difficultés à l'étudiant de langue anglaise à cause de certaines différences de construction et d'emploi. Moins usité qu'en anglais, il est souvent remplacé par d'autres formes.

I. CONSTRUCTION

A. **Le passif se construit à l'aide de** l'auxiliaire **être** et **du participe passé**, lequel s'accorde en genre et en nombre avec le sujet du verbe.

B. **Le complément d'agent** du passif est normalement introduit par la préposition **par**:

Ce calcul a été effectué **par** un mathématicien.

Le complément d'agent peut se trouver quelquefois introduit par **de** après les verbes **d'état** suivants possédant une valeur affective et un aspect statique: **être** (adulé, aimé, adoré, chéri, admiré, respecté, détesté, haï, craint, accablé, etc.)

St. Louis était aimé **de** son peuple.

II. VALEUR

Le verbe passif exprime toujours une action causée par un agent exprimé ou sous-entendu et dont le résultat est senti par le sujet.

Il ne faudra donc pas confondre la construction passive, telle que: "la porte est ouverte (par X)", signifiant que quelqu'un ouvre la porte, avec la construction adjective semblable: "la porte est ouverte", qui exprime un état, une caractéristique de cette porte, du même ordre que "la porte est sale (rouge, grande, etc.)".

III. EMPLOI

En français, seuls **les verbes transitifs directs** peuvent se mettre au passif. Des constructions comme *"I was told"*, *"he was given"*, sont donc impossibles.

Les trois verbes transitifs indirects **obéir**, **désobéir** et **pardonner** peuvent par exception s'employer au passif:

Commandez et **vous serez obéi**.
Allez, **vous êtes pardonné**.

IV. LES TEMPS DU PASSIF

Le verbe passif peut présenter les mêmes aspects que le verbe actif. De ces aspects dépend le temps à employer (cf. Appendice I : Aspects) :

ACTION PONCTUELLE :	Sa visite m'**a surpris.**	J'**ai été surpris** de sa visite.
ACTION ITÉRATIVE :	Chacune de ses visites me **surprenait.**	J'**étais surpris** par chacune de ses visites.
ACTION GLOBALE :	Il m'**importuna** pendant trois heures.	Je **fus importuné** par lui pendant trois heures.
ACTION DURATIVE :	Pendant son discours, son regard **me fascinait.**	Pendant son discours, j'**étais fasciné** par son regard.

V. AUTRES MOYENS D'EXPRIMER UNE ACTION PASSIVE

La construction passive étant lourde en français, elle s'évite le plus souvent possible.

A. **La voix passive peut avantageusement se remplacer par la voix active :**

Il a **été puni** par ses parents.
Ses parents l'**ont puni.**

Cependant, il est des cas ou un tel changement fausserait l'idée ou violerait la syntaxe :

1. **idée**

" Histoire de la Gaule : Elle **fut conquise** par Jules César . . ."

Dans la phrase ci-dessus, la substitution de la voix active serait illogique, car on traite de la Gaule et non de Jules César.

2. **syntaxe**

"**Capturé** alors qu'**il** ouvrait le coffre-fort, **il** a été emmené au poste."

Dans la phrase ci-dessus, la voix active est impossible car les deux verbes doivent obligatoirement avoir **le même sujet.**

B. **La voix passive peut se remplacer par la construction active avec on** pourvu que l'agent du verbe passif soit ou bien **sous-entendu,** ou bien **indéterminé.**

Il a été nommé Secrétaire d'État.
On l'a nommé Secrétaire d'État.

Il a été battu.
On l'a battu.

NOTE: La construction avec **on** s'emploie régulièrement pour traduire les voix passives des verbes transitifs indirects et des verbes intransitifs anglais.

He was asked to leave.   On lui a demandé de partir.
This matter will be dealt with.   On s'occupera de cette affaire.

C. **La voix passive peut être dans certains cas remplacée par un verbe pronominal** pourvu que l'esprit puisse concevoir l'action sans son agent. Dans cette construction **le relief est mis sur le verbe**:

Les tomates **se sont** bien **vendues** cette année.

Cette phrase signifie:

La vente des tomates a été bonne cette année.

La langue française **se parle** au Canada.
La langue française **est en usage** au Canada.

La tour **se voit** d'ici.
La tour **est visible** d'ici.

PRONOMINAUX QUI PEUVENT REMPLACER LA VOIX PASSIVE

s'accepter	s'entendre	s'ouvrir
s'accorder	s'établir	se pardonner
s'acheter	s'exprimer	se perdre
s'apercevoir	se faire	se porter
s'appeler	se fermer	se pratiquer
s'apprendre	se franchir	se prêter
se comprendre	se gérer	se projeter
se concevoir	se gouverner	se réaliser
se conduire	s'imiter	se rédiger
se construire	s'irriter	se remarquer
se contrôler	se lire	se remplacer
se corriger	se manier	se résoudre
se couper	se multiplier	se restituer
se digérer	se nommer	se retenir
se dire	s'obtenir	se réviser
se diviser	s'organiser	se vendre
s'employer	s'oublier	se voir
s'endurer		

APPENDICE IX

Les Pronoms interrogatifs, relatifs et démonstratifs

Les Pronoms interrogatifs

A. **Personnes:**

Qui est-ce-qui⎫
Qui⎭ est arrivé?
Qui cherchez-vous?
À **qui** pensez-vous?
Avec **qui** travaillez-vous?
Chez **qui** demeure-t-il?
De **qui** avez-vous besoin?

Ignorez-vous **qui** est arrivé?

Dites-moi **qui** vous cherchez.
Je me demande à **qui** vous pensez.
Dites-moi avec **qui** vous travaillez.
Sauriez-vous chez **qui** il demeure?
Savez-vous de **qui** vous avez besoin?

B. **Choses:**

Qu'est-ce qui est arrivé?
Que cherchez-vous?
À **quoi** pensez-vous?
Avec **quoi** travaillez-vous?

Dans **quoi** buvez-vous?
De **quoi** avez-vous besoin?

Racontez-moi *ce* **qui** est arrivé.
On se demande *ce* **que** vous cherchez.
Il ignore à **quoi** vous pensez.
J'aimerais savoir avec **quoi** vous travaillez.
Dites-moi dans **quoi** vous buvez.
Savez-vous de **quoi** vous avez besoin.

200

C. Définition ou explication:

INTERROGATION DIRECTE	INTERROGATION INDIRECTE
Qu'est-ce que c'est qu'un avion?	Ignoreriez-vous *ce* que c'est qu'un avion?
Qu'est-ce qu'un avion?	Ignoreriez-vous *ce* qu'est un avion.

D. Choix:

INTERROGATION DIRECTE	INTERROGATION INDIRECTE
De ces deux immeubles, **lequel** est le plus haut?	Dites-moi **lequel** est le plus haut de ces deux immeubles.

NOTE 1: Ne pas oublier les contractions nécessaires:
   Duquel de ces deux immeubles parlez-vous?
   Auquel des deux élèves avez-vous posé cette question?

NOTE 2: Ne pas oublier les différences syntaxiques amenées par la formule, *est-ce que*, qui met en relief le pronom interrogatif:

   Que cherchez-vous?
   Qu'*est-ce que* vous cherchez?

   Avec **quoi** travaillez-vous?
   Avec **quoi** *est-ce que* vous travaillez?

Cet emploi se rencontre le plus souvent dans la langue parlée.

Les Pronoms relatifs

A. Personnes:

ANTÉCÉDENT DÉFINI	ANTÉCÉDENT INDÉFINI NON-EXPRIMÉ
Je me suis adressé à *l'employé* **qui** voulait m'écouter.	Je me suis adressé à **qui** voulait m'écouter.
Adressez-vous à *l'employé* **que** vous voudrez.	Adressez-vous à **qui** vous voudrez.
Sortez avec *le jeune homme* **que** vous voudrez.	Sortez avec **qui** vous voudrez.
Vous pouvez parler de *l'auteur* **que** vous voudrez.	Vous pouvez parler de **qui** vous voudrez.
On oublie parfois *celui* **dont** on a été amoureux.	On oublie parfois de **qui** on a été amoureux.

NOTE: Dans le régime **indirect indéfini**, **qui** ne peut jamais dépendre de deux prépositions identiques. Dans ce cas il est remplacé par **quiconque**.

Vous me parlerez *de* l'auteur **dont** vous aurez lu les œuvres.

Vous me parlerez *de* **quiconque** vous aurez lu les œuvres.
(parler **de**, lire les œuvres **de**)

Je m'adresserais à celui à **qui** (auquel) vous me référeriez.

Je m'adresserais à **quiconque** vous me référeriez. (s'adresser **à**, référer **à**)

La construction indéfinie avec deux prépositions non identiques doit être évitée.

1. Mise en relief de l'antécédent indéfini (verbe au subjonctif):

Qui que ce soit qui *fasse* cela, je le récompenserai.

Qui que ce soit que vous *rencontriez*, amenez-le-moi.

À qui que ce soit que vous vous *adressiez,* soyez poli.

Contre qui que ce soit que mon pays m'*emploie,* j'accepte aveuglément cette gloire avec joie. (Corneille)

De qui que ce soit que vous *parliez,* soyez objectif.

B. Choses:

ANTÉCÉDENT DÉFINI

Voici *l'article* **qui** vous concerne.

C'est bien là *le roman* **que** vous vouliez.

Voici *l'affaire* **dont** il s'agit.

Je comprends bien *le problème* **auquel** il fait allusion.

Où ai-je donc mis *l'outil* avec **lequel** je travaillais?

Voici *le revenu* sur **lequel** il compte.

Parlez-moi *du sujet* **auquel** il a fait allusion.

Tenez-moi au courant de *l'affaire* **dont** il s'agit.

ANTÉCÉDENT INDÉFINI EXPRIMÉ

Voici *ce* **qui** vous concerne.

C'est bien *ce* **que** vous vouliez.

Voici *ce* **dont** il s'agit.

Je comprends bien *ce* à **quoi** il fait allusion.

Où ai-je donc mis *ce* avec **quoi** je travaillais.

Voici *ce* sur **quoi** il compte.

Parlez-moi de *ce* à **quoi** il a fait allusion.

Tenez-moi au courant de *ce* **dont** il s'agit.

1. Mise en relief de l'antécédent indéfini (verbe au subjonctif):

Quoi que ce soit qui vous *plaise*, je vous l'offrirai.

Quoi que ce soit que vous *vouliez*, je vous l'offrirai.

De quoi que ce soit que vous *ayez* besoin, je vous l'offrirai.

À quoi que ce soit que vous *rêviez*, je vous l'offrirai.

Sur quoi que ce soit que vous *comptiez*, je vous l'offrirai.

C. Pronoms relatifs temporels: La conjonction **quand**, contrairement à l'anglais, n'a jamais de valeur pronominale: la construction *"the day (time . . .) when"* est donc impossible en français.

1. **Aspect général**: où:

$$\left.\begin{array}{l}\text{l'année} \\ \text{le mois}\end{array}\right\}\quad \textbf{où} \text{ il habitait chez nous} \ldots$$

$$\left.\begin{array}{l}\text{l'année} \\ \text{le mois} \\ \text{le jour}\end{array}\right\}\quad \textbf{où} \text{ je l'ai rencontré} \ldots$$

$$\text{le siècle}\quad \left\{\begin{array}{l}\textbf{où} \text{ il vivait} \ldots \\ \textbf{où} \text{ il a vécu} \ldots\end{array}\right.$$

2. **Aspect ponctuel**: à + **lequel**

le siècle	**auquel** il a vécu ...
la date	à **laquelle** il est mort ...
l'heure	à **laquelle** il est arrivé ...

3. **Aspect duratif**: pendant, durant, au cours de + **lequel**:

le siècle	pendant **lequel** se sont déroulés ces événements ...
le mois	durant **lequel** il a fait le plus chaud ...
l'année	au cours de **laquelle** il habitait chez nous ...
la journée	pendant **laquelle** il a été si malade ...

D. **Pronoms relatifs de lieu**:

1. Lieu que l'on ne veut point préciser: **où**:

la ville	**où** je suis né ...
la maison	**où** il demeure ...
le terrasse	**où** jouent les enfants ...
la caisse	**où** se trouvent mes livres ...

2. Lieu que l'on veut préciser: sur, sous, au-dessus de, devant, derrière, à côté de, parmi, entre, etc. + **lequel**:

la place sur **laquelle** se dresse ce monument ...
le pont sous **lequel** passent des bateaux ...
l'église derrière **laquelle** se trouve un cimetière ...
les gens parmi **lesquels** il vivait ...
les soldats entre **lesquels** marchait le prisonnier ...
le passager à côté **duquel** il était assis ...

E. **Emplois de dont**: **Dont** remplace normalement **de** + un pronom relatif:

l'élève **dont** (de **qui**, **duquel**) je vous ai parlé ...

Dont ne peut jamais s'employer après une locution prépositive:

la passagère *à côté de* **laquelle** j'étais assis ...

Dont peut avoir également un sens possessif. Dans ce cas, la construction de la proposition relative est invariablement: **dont** + sujet + verbe + compléments.

l'acteur **dont** les rôles m'éxaspèrent . . .
l'acteur **dont** je connais le répertoire . . .

Dans le cas précédent **dont** ne peut modifier un nom précédé d'une préposition. Il faut alors employer une forme de **lequel** :

l'acteur *à* la femme **duquel** j'ai parlé . . .
la maison *à* la porte de **laquelle** il m'attendait . . .
le professeur *avec* l'aide **duquel** j'ai réussi . . .

Les Pronoms démonstratifs

Le pronom démonstratif **de base** est ce (**c'**). Il est toujours neutre, et employé seul, n'a que la fonction **sujet,** le plus souvent celui du verbe **être** :

C'était pendant l'horreur d'une profonde nuit. (Racine)
C'est un travail impossible à accomplir.

Ce se combine avec d'autres mots pour former les autres pronoms démonstratifs.

BASE	GENRE	DÉTERMINANTS
		ci
		là
	lui	–ci
CE	lui	–là
		qui, que, dont, à quoi
	lui	qui, que, dont, à qui
	lui	de

I. CECI CELA (ÇA)

Ceci et **cela** (**ça**) sont neutres et n'ont pas d'antécédent exprimé ou défini.

LES PRONOMS DÉMONSTRATIFS

Emploi:

SUJET	**cela** m'intéresse
ATTRIBUT	C'est **cela** qui m'intéresse.
COMPLÉMENT DIRECT	Il m'a dit **ceci** ". . ."
COMPLÉMENT INDIRECT	Qu'avez-vous à ajouter à **cela**?
COMPLÉMENT CIRCONSTANCIEL	Je refuse absolument de travailler avec **cela**.

Dans la langue familière **cela** est souvent remplacé par **ça**.

NOTE: En français moderne, il y a une tendance à employer indifférem-ment **ceci** et **cela**. Il semblerait que **cela** prédomine. Cependant, lorsque l'on veut indiquer un contraste ou une opposition, on distingue entre ces deux pronoms:

Ce n'est pas **ceci** qui m'intéresse, c'est **cela**.

II. CELUI-CI, CELUI-LÀ:

Les deux pronoms **celui-ci** et **celui-là** ont toujours un antécédent défini et doivent s'accorder en genre et en nombre avec cet antécédent.

Emploi (cf. note sur **ceci, cela**):

SUJET	De ces *problèmes*, **celui-ci** semble le plus facile.
ATTRIBUT	La plus longue de ces *leçons* est **celle-ci**.
COMPLÉMENT DIRECT	Quelles *cravates* voulez-vous? Donnez-moi donc **celles-là**.
COMPLÉMENT INDIRECT	Auxquels de ces *étudiants* vous êtes-vous adressé? À **ceux-ci**.
COMPLÉMENT CIRCONSTANCIEL	Dans quel *verre* avez-vous bu? Dans **celui-là.**

Nuances d'emploi:

Celui-ci	*the latter*
celui-là	*the former*

Racine et Corneille ont étudié l'homme, **celui-ci** (Corneille) en a montré la grandeur, **celui-là** (Racine) la faiblesse.

Celui-là, s'appliquant à une personne, peut prendre une valeur péjorative:

Ce qu'il peut être vaniteux, **celui-là**!
Celle-là, elle me tape sur les nerfs!

III. CELUI DE:

Celui de, suivi d'un complément de possession, a toujours un antécédent défini et doit s'accorder en genre et en nombre avec cet antécédent. Il traduit souvent un cas possessif anglais.

Emploi:

SUJET	De tous ces *romans,* **celui de** Camus me passionne le plus.
ATTRIBUT	Le *roman* qui me passionne le plus, c'est **celui de** Camus.
COMPLÉMENT DIRECT	Quelle *voiture* avez-vous prise? J'ai emprunté **celle de** mon oncle.
COMPLÉMENT INDIRECT	À quels *élèves* décernera-t-on un prix? À **ceux du** professeur Untel.
COMPLÉMENT CIRCONSTANCIEL	Sur quels *principes* les classiques se sont-ils basés? Sur **ceux d'**Aristote.

IV. CE (QUI, QUE, DONT, À QUOI, ETC.)

Ce, pronom neutre, peut remplacer un nom indéfini tel que **chose, objet,** etc. Dans ce cas, **ce** remplit une certaine fonction grammaticale dans la proposition principale, tandis que le pronom relatif remplit, dans la subordonnée, une fonction grammaticale qui peut être différente:

Emploi:

SUJET	**Ce** qui n'est pas clair, n'est pas français.
ATTRIBUT	C'est bien là **ce** que vous m'avez dit?
COMPLÉMENT DIRECT	Répétez-lui **ce** que vous m'avez dit.
COMPLÉMENT INDIRECT	Faites attention à **ce** que vous dites.
COMPLÉMENT CIRCONSTANCIEL	Il y a du vrai dans **ce** que vous affirmez.

Ce, en outre, peut reprendre toute une idée, et dans ce cas il est en apposition à la proposition principale:

Il est venu nous voir; **ce** qui m'a fait plaisir.

V. CELUI (QUI, QUE, DONT, À QUI, AUQUEL, ETC.)

Celui a toujours un antécédent défini et doit s'accorder en genre et en nombre avec cet antécédent.

Emploi:

SUJET	**Celui** (L'homme) qui persévère triomphe.
ATTRIBUT	Cette statue est **celle** que nous avons tant admirée.

COMPLÉMENT DIRECT	De toutes ces cravates, j'ai pris **celles** qui me plaisaient.
COMPLÉMENT INDIRECT	Il a donné une récompense *à* **ceux** (enfants, élèves, etc.) qui avaient bien travaillé.
COMPLÉMENT CIRCONSTANCIEL	Il arrive toujours *par* **celui** (train) de 13h.30.

NOTE: Dans certaines phrases présentées sous forme de maxime, on peut éliminer **celui**:

(Celui) qui vit par l'épée, périra par l'épée.
(Celui) qui vivra verra.

APPENDICE X

La Mise en relief

L'anglais, langue à l'inflexion, peut mettre en relief tel ou tel membre de phrase par un accent d'insistance dans la langue parlée, et dans la langue écrite par un procédé typographique ou par une dislocation de la phrase.

Si le français, lui aussi, peut employer la dislocation de la phrase, cette méthode est un procédé stylistique trop complexe pour être étudié dans ce manuel. La méthode la plus courante employée par le français, langue non-inflexive, est la mise en relief à l'aide de termes grammaticaux.

Nous allons examiner cette mise en relief des différents membres de la phrase d'après leur fonction.

La Mise en relief du sujet

I. C'EST . . . QUI

C'est . . . qui s'emploie obligatoirement en réponse à des questions introduites par qui, qu'est-ce qui, quel, est-ce . . . qui:

Qui a découvert le radium? C'est Mme Curie qui l'a découvert.
Qu'est-ce qui vous tracasse? Ce sont mes examens qui me tracassent.
Quel roman vous passionne le plus? C'est "L'Etranger" qui me passionne le plus.
Est-ce vous qui avez fait cela? Non, ce n'est pas moi qui l'ai fait.

II. IL Y A . . . QUI

Il y a . . . qui s'emploie lorsque le sujet est précédé soit d'un indéfini, soit d'un numéral, en réponse à la question, y a-t-il . . . qui?, ou dans une phrase déclarative. Cette construction introduit l'idée d'existence du sujet et ensuite le message concernant ce sujet:

> **Y a-t-il** un problème **qui** vous arrête? Non, **il n'y a** rien **qui** m'arrête.
> **Il y a** des gens **qui** exagèrent.
> Sous le pont, **il y avait** trois clochards **qui** ronflaient.

III. VOILÀ . . . QUI (VOICI . . . QUI)

Voilà . . . qui (et plus rarement **voici . . . qui**) s'emploie avec une valeur démonstrative, normalement dans des phrases déclaratives:

> **Voilà** une voiture **qui** s'arrête devant chez nous.
> **Voilà** le train **qui** démarre.

IV. LA RÉPÉTITION

Un autre procédé de mise en relief du sujet, c'est la répétition:

A. **Moi, je . . . (je . . . , moi); mon frère, il . . . ; mon frère, lui (il) . . . :**
Ces procédés s'emploient en réponse aux questions introduites par **que . . . , qu'est-ce-que . . .** , ainsi que dans certaines phrases déclaratives pour marquer l'opposition:

> **Qu'est-ce que** vous avez fait? **Moi, je** n'ai rien fait.
> **Qu'a** répondu votre sœur? **Ma sœur, elle** n'a rien répondu.
> Pendant que le mari lisait son journal, **sa femme, elle** faisait la vaisselle.
> Si vous trouvez cela risible, **votre prof, lui** (il) ne partagera pas votre hilarité.

B. **Quant à . . . , en ce qui concerne:** Ces procédés s'emploient pour exprimer une nuance d'opposition:

> Vous pouvez tous voter, **quant à** *moi, je* m'abstiens.
> **En ce qui** *me* **concerne,** *je* n'approuve pas votre projet.

C. **Il (ce) . . . cet homme:** Ce procédé s'emploie dans des phrases déclaratives:

> **Il** est très intelligent, **ce garçon.**
> **C'est** un tissu de mensonges, **cette histoire-là.**

D. **L'infinitif employé comme sujet** peut être mis en relief de deux manières:

1. Au début de la phrase avec reprise par **ce:**

> *Partir*, **c'est** mourir un peu.

2. À la fin de la phrase à l'aide de **ce . . . que de:**

> **C'est** une honte **que d'***agir* de la sorte.

V. DANS LES PROPOSITIONS EXCLAMATIVES

A. **C'est ... qui**:

Vous pouvez être des nôtres. **C'est** ma sœur **qui** sera contente!

B. **Et ... qui**: Ce procédé introduit une opposition:

Mes invités arrivent! **Et** mon dîner **qui** n'est pas prêt!

La Mise en relief du complément d'objet direct

I. C'EST ... QUE

Ce procédé permet, si on le désire, de mettre en relief le complément d'objet direct.

C'est lui **que** je cherchais.

Cette construction introduit parfois une nuance d'opposition:

Ce n'**est** pas lui, **c'est** elle **que** j'ai aperçue.

II. IL Y A ... QUE

Il y a ... que s'emploie lorsque le complément est précédé soit d'un numéral, en réponse à **y a-t-il ... que**, soit dans une phrase déclarative. Cette construction introduit d'abord l'idée d'existence du complément et ensuite le message concernant ce complément:

Y a-t-il un sujet **que** vous détestiez? Non, **il** n'**y a** aucun sujet **que** je déteste.
Il y a un secret **que** j'aimerais bien vous confier.

III. VOILÀ ... QUE (VOICI ... QUE)

Voilà que (et plus rarement **voici ... que**) s'emploie avec une valeur démonstrative, normalement dans des phrases déclaratives. Elle a pour objet de présenter le complément:

Voilà le secret **que** je voulais vous confier.
Voilà celui **que** je cherchais.

IV. LA RÉPÉTITION

A. **Le ..., lui; lui, le ...; cet homme, ... le; le ..., cet homme**:

Je **le** déteste, **lui.**
Elle, je ne puis **la** supporter.
Mon pays, je **le** reverrai.
Je **l'**aime beaucoup, **ce tableau.**

B. **Quant à :** Ce procédé introduit une nuance d'opposition. Il s'emploie lorsque le complément est défini :

Elle bavarde sans cesse, **quant à** *lui*, on ne *l'*entend pas.

C. **Pour :** Ce procédé met en relief un complément précédé d'un indéfini ou d'un partitif :

Pour *de l'aplomb,* il *en* a.
Pour une *peur*, il nous *en* a fait *une belle.*

V. DANS LES PROPOSITIONS EXCLAMATIVES

A. **Et ... que :**

Voici lundi qui arrive, **et** mon examen **que** je n'ai pas préparé.

La Mise en relief du complément d'objet indirect

I. C'EST . . . QUE :

Est-ce de lui **que** vous parlez?
N'oublie pas que **c'est** à ton père **que** tu t'adresses.

Cette construction peut introduire parfois une nuance d'opposition :

Ce n'**est** pas avec elle, **c'est** avec moi **qu'**il sort ce soir.

II. LA RÉPÉTITION

A. **Cet homme, ... lui ; lui ..., à cet homme; en ..., de cet homme :**

Mon professeur, je **lui** dois ma réussite.
Je **lui** dois ma réussite, **à mon professeur.**
N'**en** parlons plus **de cette affaire.**

B. **Quant à :** Ce procédé introduit une nuance d'opposition. Ils'emploie lorsque le complément est défini :

Quant à *eux*, nous *leur* dirons leurs quatre vérités.
Quant à *cette affaire*, je *m'en* charge.

La Mise en relief du complément circonstanciel

I. C'EST ... QUE :

C'est dans cette maison **qu'**est mort Balzac.
C'est pour eux **qu'**il a donné sa vie.
C'est en forgeant **qu'**on devient forgeron.

Ce procédé peut introduire une nuance d'opposition:

Le film commence à trois heures, n'est-ce pas? Non, **c'est** à cinq heures **qu'**il commence.

II. IL Y A . . . QUE; CELA FAIT . . . QUE; VOILÀ . . . QUE

Il y a . . . que; cela fait . . . que; et **voilà . . . que** s'emploient pour mettre en relief le complément circonstanciel **de temps** introduit par **depuis**.

Il y a trois mois **qu'**il ne fume plus.
Cela fait huit jours **que** nous vous attendons.
Voilà une éternité **qu'**on ne vous a pas vu.

III. L'ANTÉPOSITION

D'un œil gourmand, il contemplait les victuailles.
À minuit, dans une sombre ruelle, déambulaient deux individus à mine patibulaire.

La Mise en relief de l'attribut

I. IL EST . . . DE; C'EST . . . DE; QUE DE:

Il est (+ adjectif) de, c'est (+ nom) de et **que de** mettent en relief l'attribut de l'infinitif:

Il est horrible **de** calomnier son prochain.
C'est une horreur **(que) de** calomnier son prochain.

II. LA RÉPÉTITION

A. **Attribut . . . le:**

Bornée, elle **le** restera toute sa vie.
Étonnée, vous pensez bien qu'elle **l'**était.

B. **Pour (+ adjectif) . . . le; pour (+ nom), c'est (+ nom); pour (+ nom), . . . c'en est:**

Pour *étonnée,* elle **l'**était.
Pour *une erreur,* **c'est** *une erreur.*
Pour *une erreur,* **c'en est** une.

VOCABULAIRE

VOCABULAIRE

Les mots et expressions de ce vocabulaire ont été traduits dans leur contexte. Ont été omis:

1. Les mots et expressions contenus dans *Le Français fondamental* (l^{er} et 2e degrés), sauf dans les cas où ils semblaient avoir un sens particulier: ex: se passer **de** = *to do without*
2. Les mots et expressions présentant avec l'anglais une ressemblance flagrante d'orthographe et de sens
3. Les mots et expressions dérivés de termes déjà connus, sauf dans les cas où ils pouvaient prêter à confusion: ex: une rue **passante** = *a busy street.*

Liste des abréviations:

adj. adjectif	*n.* nom
adv. adverbe	*n. prop.* nom propre
conj. conjonction	*plur.* pluriel
fam. familier	*p.p.* participe passé
fém. féminin	*pr.* pronom
ind. indéfini	*prép.* préposition
inf. infinitif	*poss.* possessif
interj. interjection	*q.q.* quelqu'un
loc. adv. locution adverbiale	*q.q.ch.* quelque chose
loc. prép. locution prépositive	*rel.* relatif
masc. masculin	*sing.* singulier

s'abaisser à *(+ inf.)* to stoop
abîme *(n. masc.)* abyss
aboiement *(n. masc.)* bark; *(aspect global)* barking
abonder to abound
abord *(n. masc.)*: **au premier abord** at first glance

aboyer to bark
abri *(n. masc.)* shelter; **à l'abri de** safe from
s'abstenir to abstain
académicien *(n. masc.)* scholar
accablant *(adj.)* oppressive
accablé *(adj.)* overwhelmed, crushed

accomplir   to reach, to make ... come through

accord *(n. masc.)*: **d'accord** all right; **je suis d'accord** I agree; **des accords** a tune

accorder   to grant

s'accorder à *(+ inf.)*   to agree

accoudé *(adj.)*   leaning (on elbows)

s'accrocher   to get caught

accueil *(n. masc.)*   greeting, welcome

accueillant *(adj.)*   attractive (house); affable (person)

s'accumuler   to pile up

acharnement *(n. masc.)*   tenacity

s'acharner à *(+ inf.)*   to persist (in)

s'acheminer   to proceed forward, to set out

addition *(n. fem.)*   check, bill (café, restaurant)

s'adonner à   to give oneself to, to become addicted to

s'adresser à   to write for, to be directed to; **à qui s'adresser** someone to talk to, someone to consult

advenir   to happen

s'affaiblir   to weaken

affaire *(n. fem.)*: **avoir affaire à** to be concerned with

affalé *(adj.)*   stretched out, sprawled out

s'affaler   to drop, to flop into

affecter de *(+ inf.)*   to pretend

affirmer   to assure; **s'affirmer** to assert onself

s'affliger de *(+ inf.)* to grieve

affreux *(adj.)*   ghastly

affronter   to face

affublé *(adj.)*   dressed grotesquely

agaçant *(adj.)*   irritating

agacer   to annoy

agenouillé *(adj.)*   kneeling

s'agenouiller   to kneel down

s'aggraver   to worsen, to become worse

agissement *(n. masc.)*   conduct

agité *(adj.)*   rough

aïe! *(interj.)*   ouch!

aigre *(adj.)*   sour

aigu(ë) *(adj.)*   shrill (voice)

aile *(n. fem.)*   aisle, wing

aînés *(n. masc. plur.)*   elders

ainsi *(adv.)*: **il en est ainsi de** thus it is with

air *(n. masc.)*   look, appearance; tune

aisance *(n. fem.)*   affluence

aise *(n. fem.)* **être rempli d'aise** to be overjoyed

aisé *(adj.)*   affluent, well-to-do

aisément *(adv.)*   easily

à la ronde *(loc. adv.)*   around

albâtre *(n. masc.)*   alabaster

d'alentour *(loc. adv.)*   around

alerté *(adj.)*   brisk (walk)

algue *(n. fem.)*   seaweed

allée *(n. fem.)*   walk, path (garden or park)

allégé *(adj.)*: **s'en trouve allégée d'autant** is thus made less cumbersome

allégresse *(n. fem.)*   mirth, cheerfulness, joy

allez, ouste! *(interj.)*   get out!

allongé *(adj.)*   long

s'allonger   to stretch out

alpiniste *(n. masc.)*   mountain climber

amaigrir   to thin

amande *(n. fem.)*   almond; **en amande** almond-shaped

ambitionner de *(+ inf.)*   to aspire

amer *(adj.)*   bitter

ameublement *(n. masc.)*   furnishing (aspect global)

amitié *(n. fem.)*   friendship

s'amonceler   to gather

anchois *(n. masc.)*   anchovy

anciens *(n. prop. masc.)*   the Ancients (Greek and Latin writers of antiquity)

ancré *(adj.)*   anchored

âne *(n. masc.)*   donkey

animé *(adj.)*   lively

animer   to arouse, to rouse; to seize

anneau *(n. masc.)*   ring

annonce *(n. fem.)*: **à l'annonce de** upon hearing

antéposé *(adj.)*   placed in front

antéposition *(n. fem.)*   act of placing in front

antipathique *(adj.)*   dislikable

s'apaiser   to subside

aplomb *(n. masc.)*   impudence, cheek

VOCABULAIRE

applaudissements *(n. fem. plur.)* applause

apposé *(adj.)* in apposition

apprendre (qq. ch. à q.q.) to inform

s'apprêter à *(+ inf.)* to get ready

approbateur *(adj.)* approving

appuyer to support

âpre *(adj.)* bitter, biting, sour

aquilin *(adj.)* Roman, aquiline

arborer to have on, to put on

arbuste *(n. masc.)* bush, shrub

arc-boutant *(n. masc.)* buttress

ardemment *(adv.)* intensely, earnestly

ardent *(adj.)* fiery (eyes)

ardeur *(n. fem.)* diligence

ardoise *(n. fem.)* slate

arme *(n. fem.)* : **à armes égales** on equal terms

d'arrache-pied *(loc. adv.)* unremittingly

arracher to snatch

arriver à *(+ inf.)* to succeed (in), to make it, to be able to; **arriver à ses fins** to get one's own way; **en être arrivé à** to have come to

artifice *(n. masc.)* : **feu d'artifice** fireworks

ascension *(n. fem.)* ascent, climb

asile *(n. masc.)* : **asile d'aliénés** insane asylum

aspect *(n. masc.)* appearance

s'assagir to become wise

assener : **assener un coup** to strike a blow

assistance *(n. fem.)* audience

assourdissant *(adj.)* deafening

attablé *(adj.)* sitting (at a table)

s'attacher à to become attached, to apply oneself

attrait *(n. masc.)* attraction

s'attarder to waste time, to linger

en attendant que *(conj.)* while

s'attendre à *(+ inf.)* to expect

attendri *(adj.)* touching

attention! *(interj.)* careful! watch out!

atterrir to land

atterrissage *(n. masc.)* landing

attribut *(n. masc.)* predicate or complement

aube *(n. fem.)* dawn

audace *(n. fem.)* audacity, daring

augmentation *(n. fem.)* raise

aurore *(n. fem.)* dawn

autel *(n. masc.)* altar

autochtone *(adj.)* autochthonous

avancement *(n. masc.)* promotion

avancer : **avancer un siège** to offer (someone) a seat

s'avancer (vers, à la rencontre de) to come up to

avant-veille *(n. fem.)* two days before

s'aventurer to venture

avertir to notify, to inform

aveuglément *(adv.)* implicitly

aveugler to blind

aviser to notice; **s'aviser de** to take it into one's head to

bahut *(n. masc.)* chest, sideboard

baie *(n. fem.)* bay; **baie vitrée** bay window

baigner (de) to bathe (with)

baigneur *(n. masc.)* bather

baiser to kiss

balancer à *(+ inf.)* to hesitate

balbutier to stammer

baliverne *(n. fem.)* nonsense

balle *(n. fem.)* bullet

banc *(n. masc.)* school (of fish)

bander : **bander les yeux de quelqu'un** to blindfold someone

barbu *(adj.)* bearded

barrer : **barrer la route** to block the way

bas *(adj.)* : **maison basse** one-story (ranch-type) house, base

base *(n. fem.)* : **de base** basic

bataille *(n. fem.)* **en bataille** disheveled (hair)

battant *(adj.)* : **une pluie battante** a driving rain

bavarder to chatter, to blab

beau *(adj.)* : **au beau milieu** right in the middle

beau-père *(n. masc.)* father-in-law

bégayer to stutter

bêlement *(n. masc.)* bleating

belle-mère *(n. fem.)* mother-in-law

bercer   to lull to sleep, to rock; **se bercer d'illusions**   to delude oneself

besogne *(n. fem.)*   task

bêtise *(n. fem.)*   stupidity

béton *(n. masc.)*   concrete

bien *(n. masc.)*   possession; **grand bien vous fasse** (ironique)   for all the good it may do you; fat chance

bien de *(adv.)*   much, many

bien-être *(n. masc.)*   comfort

bien-fondé *(n. masc.)*   validity

bien portant *(adj.)*   healthy (person)

bienveillant *(adj.)*   benevolent, kind

biffer   to scratch out

bille *(n. fem.)*: **stylo à bille**   ball-point pen

blême *(adj.)*   pale, wan

se blottir   to nestle

boiseries *(n. fem. plur.)*   woodwork

boîte *(n. fem.)*: **boîte de nuit**   night club; **boîte à musique**   jukebox

bombé *(adj.)*   curved, domed

bon débarras! *(interj.)*   good riddance!

bondir   to spring, to jump

bonheur *(n. masc.)*   luck, good fortune

bonhomme *(n. masc.)*   old man

bonnement *(adv.)*   simply, flatly, out and out

bordure *(n. fem.)*   rim, edging

borné *(adj.)*   stupid

se borner (à)   to limit oneself (to)

bouclé *(adj.)*   curly

boueux *(adj.)*   muddy

bouillonner   to gush

bourbonien *(adj.)*   aquiline

bourrade *(n. fem.)*: **faire des bourrades**   to buffet

bourrelet *(n. masc.)*   ridge

bousculer   to jostle

braconnier *(n. masc.)*   poacher

branlant *(adj.)*   shaky

bredouiller   to stutter (accidental)

brillant *(adj.)*   bright

briller: **briller de colère**   to glare

brisants *(n. masc. plur.)*   breakers

brisé *(adj.)*: **brisé de fatigue**   utterly exhausted

brodé *(adj.)*   embroidered

brosse *(n. fem.)*: **cheveux en brosse**   crew-cut

brouhaha *(n. masc.)*   hubbub

broussaille *(n. fem.)*: **en broussaille**   bushy (hair)

brûler (de)   to be dying to

brumeux *(adj.)*   misty

buisson *(n. masc.)*   bush

but *(n. masc.)*   goal, purpose; **arriver au but**   to reach one's goal

buveur *(n. masc.)*: **gros buveur**   heavy drinker

cabaret *(n. masc.)*   pub

cafetière *(n. fem.)*   coffee pot

cage *(n. fem.)*: **cage d'escalier**   stair well

caillou *(n. masc.)*   stone, rock, pebble

calomnier   to slander

camarade *(n. masc.)*: **camarade de régiment**   army buddy

camée *(n. masc.)*   cameo

camper   to set

camus *(adj.)*   flat

candidature *(n. fem.)*: **poser sa candidature**   to run for office, to apply for

capitaine *(n. masc.)*: **le grand capitaine**   the great warrior, leader

caractère *(n. masc.)*   personality

caresser: **caresser l'espoir**   to cherish the hope

carillonner   to chime

casque *(n. masc.)*   helmet

cavalier *(n. masc.)*   horseman

ceinture *(n. fem.)*   sash, girdle, belt

cellule *(n. fem.)*   cell

cerf-volant *(n. masc.)*   kite

certains *(pr. indef. plur.)*   some

cervelle *(n. fem.)*: **une folle cervelle**   a scatterbrain

cesse *(n. fem.)*   respite

chagrin *(n. masc.)*   grief, sorrow

chagriner   to hurt (pride)

se chamailler   to squabble

chameau *(n. masc.)*   camel

champ *(n. masc.)*: **le champ convenable**   the proper distance

champignon *(n. masc.)*   mushroom

chancelant *(adj.)*   staggering, tottering

chanceler   to stagger

chandelle *(n. fem.)* : **devoir une fière chandelle** ought to be grateful

changer: changer de to change; **se changer en** to turn into

chantant *(adj.)* musical (voice)

chapiteau *(n. masc.)* capital, cornice

charge *(n. fem.)* trust, office

chargé *(adj.)* : **chargé de famille** with a family to support

se **charger de** to be responsible for, to be entrusted with, to take care of

châtain *(adj.)* brown, chestnut-colored (hair)

chatoiement *(n. masc.)* sparkle, sparkling

se **chauffer** to heat one's house

chaussée *(n. fem.)* causeway

chauve *(adj.)* bald

chef-d'œuvre *(n. masc.)* masterpiece

chercher à *(+ inf.)* to attempt

chevalier *(n. masc.)* knight

chevalin *(adj.)* equine

chevet *(n. masc.)* bedside

chevrotant *(adj.)* quivering

chœur *(n. masc.)* choir

chuchotement *(n. masc.)* whisper

chut! *(interj.)* hush!

ci-dessous *(adv.)* below

cierge *(n. masc.)* church candle

cime *(n. fem.)* top (tree, mountain)

cimenté *(adj.)* paved, cemented

circuler to pass by

cire *(n. fem.)* wax

cirer to polish, to shine

ciseler to chisel, to emboss

citation *(n. fem.)* quotation

civière *(n. fem.)* stretcher

clairon *(n. masc.)* bugle

clairsemé *(adj.)* thin, sparse (hair)

clairvoyant *(adj.)* sharp, keen

clapoter to plash

clapotis *(n. masc.)* rippling, plashing

cliquetis *(n. masc.)* clanking

clochard *(n. masc.)* tramp

clocheton *(n. masc.)* bell-turret

cœur *(n. masc.)* : **homme de cœur** brave man; **de bon cœur** willingly; **la raison du cœur** sentiments

coffre-fort *(n. masc.)* safe

col *(n. masc.)* neck

collectionner to collect

coller *(fam.)* to apply (a blow)

commencer par *(+ inf.)* to . . . first

comment *(interj.)* what

comparaison *(n. fem.)* simile

se **complaire à** *(+ inf.)* to delight in

complément *(n. masc.)* object *(gram.)*; **complément circonstanciel** adverbial modifier; **complément d'agent** agent (of a passive verb)

complot *(n. masc.)* plot

compréhensif *(adj.)* understanding

comprendre to include; **ça se comprend** it's understandable

compte *(n. masc.)* : **s'établir à son compte** to start one's own business

compulser to consult

concevoir to conceive

concourir à *(+ inf.)* to contribute

à condition que *(conj.)* provided that

condoléances *(n. fem. plur.)* : **sincères condoléances** deepest sympathy

conduit *(adj.)* handled

conduite *(n. fem.)* driving

confiner à to be next to, to be adjoining

confondre to confuse

connaissances *(n. fem. plur.)* knowledge

consacré *(adj.)* devoted

conscience *(n. fem.)* : **prendre conscience** to become conscious (aware)

conseil *(n. masc.)* : **de bon conseil** wise

conserver to retain

considérer to study, to gaze upon

constamment *(adv.)* constantly

consulter to refer to

conte *(n. masc.)* short story (pure fiction)

contenu *(n. masc.)* content

conteur *(n. masc.)* story teller (writer), short story writer

se **contracter** to tighten

par contre *(loc. adv.)* on the other hand, conversely

à contrecœur *(loc. adv.)* reluctantly

contremaître *(n. masc.)* foreman

convenable *(adj.)* proper

convier à *(+ inf.)* to invite

copie *(n. fem.)* (test) paper, written assignment

coquillage *(n. masc.)* seashell

corbeille *(n. fem.)* basket

cornemuse *(n. fem.)* bagpipe

corriger to correct

corrompre to corrupt

cortège *(n. masc.)* attendants

côte *(n. fem.)* hill

couchant *(adj.)* : **au soleil couchant** at sunset

couché *(adj.)* in bed

coup *(n. masc.)* : **d'un seul coup** at once, at the same time; **sous le coup de l'émotion** stunned

courage *(n. masc.)* courage, fortitude; industry

courant *(adj.)* common, everyday; **mettre au courant** to inform

couronne *(n. fem.)* wreath

course *(n. fem)* : **de course** racing

coût *(n. masc.)* : **le coût de la vie** the cost of living

coutume *(n. fem.)* custom; **avoir coutume de** to be in the habit of

couvert *(adj.)* overcast, cloudy

crainte *(n. fem.)* apprehension, fear; **de crainte que** *(conj.)* for fear that

crantif *(adj.)* apprehensive, fearful

craquement *(n. masc.)* creaking

créancier *(n. masc.)* creditor

crénelé *(adj.)* battlemented

crêpu *(adj.)* wooly (hair)

crépuscule *(n. masc.)* twilight

crevassé *(adj.)* chapped

criard *(adj.)* loud and shrill

crinière *(n. fem.)* mane

croissant *(adj.)* increasing

croquer: **belle à croquer** extremely pretty, pretty as a picture

crouler to shake

cru *(n. masc.)* vintage

cuillerée *(n. fem.)* spoonful

cultivé *(adj.)* cultured

daigner to deign

dalle *(n. fem.)* flagstone

déambuler to stroll along

débiter to palaver, to spin out (as a tale)

débonnaire *(adj. et n. masc.)* good-natured (fellow)

déboucher to uncork, to open up

debout *(adv.)* : **histoire à dormir debout** tall story, yarn

décacheter to unseal, to open

déceler to detect

décerner to bestow

déchaîné *(adj.)* raging, furious, wild; **se déchaîner** to break loose

décharger to deliver (a blow)

décharné *(adj.)* skinny

déchiffrer to decipher

déchiqueter to slash

déconseiller to advise against

découverte *(n. fem.)* discovery

décréter to decree

décrocher *(fam.)* to capture (a prize)

déçu *(adj.)* disappointed

dédier to dedicate

se dédire to take back one's word

défectuosité *(n. fem.)* imperfection

défendre to shield, to prohibit; **se défendre de** *(+ inf.)* to deny

déferler to unfurl

défi *(n. masc.)* challenge

défiler to file by, to parade

défunt *(n. masc.)* deceased

dégager to extract, to extricate; to convey (atmosphere); to emit, give (odor); **se dégager** to come out

dégarni *(adj.)* receding (hairline)

se dégoûter de *(+ inf.)* to be disgusted

dégringoler to tumble down

se déhancher to swing one's hips

délabré *(adj.)* dilapidated

délaissé *(adj.)* neglected, abandoned

délices *(n. fem. plur.)* delight

délire *(n. masc.)* : **en délire** frantic

démarche *(n. fem.)* gait, walk, bearing

démarrer to start (an engine)

démence *(n. fem.)* insanity

se démener to struggle, to try hard

démesuré *(adj.)* enormous, vast

demeure *(n. fem.)* dwelling

démonté *(adj.)* stormy, tempestuous

dénoué *(adj.)* unravelled

dénouement *(n. masc.)* unravelling

dentelé *(adj.)* lacy
dentelle *(n. fem.)* lace
se **départir de** to give up
en **dépit de** *(loc. prep.)* in spite of;
  en dépit du bon sens nonsensically
dépôt *(n. masc.)* deposit
dépouillé *(adj.)* unadorned
dernier *(n. masc.):* **le dernier** the last
  (in his class)
dérober to steal
déroulement *(n. masc.)* unfolding;
  development
se **dérouler** to unfold; to take place
désapprobateur *(adj.)* disapproving
desséché *(adj.)* dried up
désemparé *(adj.)* helpless
désespérer de *(+ inf.)* to despair
désintéressé *(adj.)* unselfish
désinvolte *(adj.)* unconstrained
désinvolture *(n. fem.)* bluntness,
  informality
désormais *(adv.)* now, from now on
dessein *(n. masc.)* intention, purpose
détaler to bolt away
se **déterminer à** *(+ inf.)* to resolve
détourner to embezzle
dévaler to rush down
devise *(n. fem.)* motto
dévoiler to reveal
dévorant de *(adj.)* burning with
dévot *(n. masc.)* devout person; **faux**
  dévot hypocrite
domestique *(n.)* servant
diapositive *(n. fem.)* color slide
dictée *(n. fem.)* dictation
digérer to digest
digne *(adj.)* worthy, true
digue *(n. fem.)* dike
diplômé *(adj.)* graduate
dire: si le cœur vous en dit if you
  feel like it
disconvenir to deny
dispenser (qq. ch. à q.q.) to bestow
  upon; **dispenser de** *(+ inf.)* to
  excuse
disperser to scatter
dispute *(n. fem.)* quarrel
se **disputer** to argue
disséminé *(adj.)* scattered
dissertation *(n. fem.)* essay

dissiper to break up
dit *(adj.):* **à l'heure dite** at the
  appointed time
divertissant *(adj.)* amusing
dizaine *(n. fem.):* **des dizaines et des**
  dizaines scores
don *(n. masc.)* gift
dossier *(n. masc.)* back (of a chair);
  file, record
doute *(n. masc.):* **mettre en doute** to
  question
douteux *(adj.)* doubtful
doyen *(n. masc.)* dean
dramaturge *(n. masc.)* dramatist,
  playwright
dresser à *(+ inf.)* to train

ébauché *(adj.)* sketched
éblouissant *(adj.)* dazzling
ébouriffer to ruffle
ébranler to shake
écarlate *(adj.)* scarlet
écarquillé *(adj.)* opened wide
écart *(n. masc.):* **à l'écart** aside
échec *(n. masc.)* defeat, failure
échouer to fail
éclairer illustrate (idea)
éclat *(n. masc.)* burst (laughter); loud
  shout (voice); glare (light)
éclatant *(adj.)* radiant, healthy (com-
  plexion); glittering
éclater strike up (band)
écœurant *(adj.)* nauseating
écorcher to grate
s'**écouler** to elapse, to go by, to flow
  away
écrémé *(adj.)* skimmed
s'**écrouler** to tumble down
écumer to foam
éditer to publish
effacé *(adj.)* retiring
s'**efforcer de** *(+ inf.)* to endeavor
égaré (dans) *(adj.)* misled (by), lost
  (in)
élancé *(adj.)* slender
élargir to develop, to expand
élégante *(n. fem.)* lady of fashion
élevé *(adj.)* erected, raised

s'élever   to rise, to burst forth (noise);
  s'élever à   to attain (a level)
éloge *(n. masc.)*   praise
embarrassé *(adj.)*   cluttered
embaucher   to hire
embellir   to embellish; to grow more
  and more beautiful
embraser   to set ablaze
s'embusquer   to lie in wait
émerveillé *(adj.)*   amazed
émettre   to express
s'emparer de   to seize
s'empêcher de *(+ inf.)*   to keep from
empiler   to stack
s'employer à *(+ inf.)*   to busy oneself
empressement *(n. masc.)*   promptness
s'empresser de *(+ inf.)*   to hasten
emprunté *(adj.)*   borrowed
encadrer   to frame
en ce que *(conj.)*   in that
enchanteur *(adj.)*   captivating
énergique *(adj.)*   forceful
énervant *(adj.)*   nerve-racking
enfant *(n. masc.)*: la vierge à l'enfant
  the Virgin and the Child
enfantin *(adj.)*   of children, childlike,
  childish
s'enflammer   to ignite
enfoncé *(adj.)*   sunken
s'enfuir   to flee
engager à *(+ inf.)*   to urge
s'engager à *(+ inf.)*   to promise
engloutir   to gulp
enlever   to seize, to take away
enneigé *(adj.)*   snowbound
ennui *(n. masc.)*   boredom *(aspect
  global)*; un ennui   trouble
ennuyer   to bore
ensoleillé *(adj.)*   sunny
entassé *(adj.)*   packed
entendre   to understand; entendre
  par   to mean; c'est entendu   OK,
  all right; on ne s'entend plus   I
  can't hear myself think
enthousiasmer   to enrapture; s'enthousiasmer   to be enthusiastic
entreprendre   to undertake
entretenir   to maintain
entrevoir   to catch a glimpse of, to see
  vaguely

entrevue *(n. fem.)*   interview, meeting
envahi (de) *(p.p.)*   filled (with), overcome (with)
envahisseur *(n. masc.)*   invader
envergure *(n. fem.)*   caliber
s'épanouir   to open up, to bloom,
épargne *(n. fem.)*   savings
épars *(adj.)*   scattered, scarce
épaté *(adj.)*   squat
épée *(n. fem.)*   sword
épinards *(n. masc. plur.)*   spinach
épitre *(n. fem.)*   epistle
épouvante *(n. fem.)*   fright, dismay
éprouver   to experience, to feel
équestre *(adj.)*   equestrian
équilibré *(adj.)*   balanced
éraillé *(adj.)*   husky (voice)
errer   to wander
érudit *(n. masc.)*   scholar
escalade *(n. fem.)*   climb
escalader   to climb
escarpé *(adj.)*   precipitous, steep
esclavage *(n. masc.)*   slavery
esclave *(n.)*   slave
espiègle *(adj.)*   mischievous
esprit *(n. masc.)*   mind; simple
  d'esprit   simple-minded, simpleton
s'esquiver   to steal away
essai *(n. masc.)*: coup d'essai   first
  attempt
s'essayer à *(+ inf.)*   to try one's hand
essuyer   to suffer (a set-back)
estrade *(n. fem.)*   platform
étape *(n. fem.)*   step
étonnement *(n. masc.)*   astonishment,
  surprise
s'étonner   to be surprised, to wonder at
étourdir   to stun
étranger   *(n. masc.)*: à l'étranger
  abroad
s'évader   to escape
évangile *(n. masc.)*   gospel
s'évanouir   to faint; to vanish
éveiller   to awaken; to rouse;
  s'éveiller   to wake up
s'évertuer à *(+ inf.)*   to strive
évidemment *(adv.)*   obviously
exciter à *(+ inf.)*   to prompt
exercer   to exert (an influence); to
  exercise (a faculty)

exposer to state, to relate

exposition *(n. fem.)* exhibition, exhibit

s'extasier to be enraptured

fâché *(adj.)* angry, cross; sorry

fâcheux *(adj.)* unfortunate, annoying

facultatif *(adj.)* optional

faculté *(n. fem.)* school, college (of a university)

fadaise *(n. fem.)* nonsense, trifle

fade *(adj.)* insipid, flat

faiblesse *(n. fem.)* weakness

faillir à to fail in (one's duty)

fainéant *(n. masc.)* do-nothing, idler

faire to do, to say; **fit-il** he said; **faire des courses** to run errands; **faire en sorte que** to see to it that; **faire faillite** to go bankrupt; **faire parvenir** to send; **faire preuve de** to show; **on ne me la fait pas** no one can fool me

se faire to take place, to rise (noise), to become; **se faire des préjugés** to acquire prejudices; **se faire écraser** to get run over; **se faire entendre** to be heard; **se faire une place** to find one's way; **se faire un plaisir de** *(+ inf.)* to be pleased to; **se faire un scrupule de** *(+ inf.)* to hesitate to; **se faire tard** to be getting late

fait *(n. masc.)* state or action

faîte *(n. masc.)* top

falaise *(n. fem.)* cliff

se fatiguer à *(+ inf.)* to exhaust oneself; **se fatiguer de** *(+ inf.)* to get bored

se faufiler to sneak up

fausser: fausser une idée to falsify an idea

faute de *(loc. prep.)* for lack of

fée *(n. fem.)* fairy

feindre de *(+ inf.)* to pretend

félicitations! *(n. fem. plur.)* congratulations!

se féliciter de *(+ inf.)* to be proud

ferme *(adj.)* compact

fervent *(n. masc.)* fan, enthusiast

feu *(n. masc.)*: **coup de feu** shot

fiacre *(n. masc.)* coach, cab

se fier à to trust

fierté *(n. fem.)* pride

figé *(adj.)* fixed, set

figuier *(n. masc.)* fig-tree

filant *(adj.)*: **étoile filante** shooting star

file *(n. fem.)* line, lane (of a highway), row; **à la file indienne** in a single line

filer: filer la métaphore to spin out the metaphor

filet *(n. masc.)* streak

fille *(n. fem.)*: **vieille fille** spinster, old maid

fin *(adj.)* slender, thin, delicate; shrewd

finir de *(+ inf.)* to be through

fixé *(adj.)* attached

fixer to set (a price); **se fixer** to set (a goal)

flamber to blaze (fire)

flamboyer to blaze (light)

flanc *(n. masc.)* side; **au flanc de** on the side of

flanquer *(fam.)* to fling

fléau *(n. masc.)* calamity

flèche *(n. fem.)* arrow, spire

flétri *(adj.)* withered

fleuri *(adj.)* blooming

flocon *(n. masc.)* flake

fond *(n. masc.)* bottom; **au fond de** at the bottom of, down in; content

force *(adv.)* a great deal of, a great many; **à force de** by dint of

forcené *(n. masc.)* madman

forger: c'est en forgeant qu'on devient forgeron practice makes perfect; **fer forgé** wrought iron

se formaliser de to take offense at

former: former des projets to make plans

fort *(adj.)*: **le plus fort** and oddly enough

fou *(n. masc.)* eccentric

foudre *(n. fem.)* lightning; **coup de foudre** love at first sight

fouet: *(n. masc.)* whip

four *(n. masc.)* oven

fournir to provide (with); **fournir un effort** to make an effort
fracas *(n. masc.)* din
fracasser to shatter
fraîcheur *(n. fem.)* coolness
fraise *(n. fem.)* strawberry
franchir to pass; to cover (a distance)
frapper de to strike with
frêle *(adj.)* slender, frail
frémir to tremble
frémissement *(n. masc.)* rustling, trembling
fréquemment *(adv.)* frequently
frisé *(adj.)* very curly
froideur *(n. fem.)* coldness; indifference
frôler to brush (by)
se **frotter à** to meddle
fumet *(n. masc.)* flavor (meat cooking)
fureteur *(adj.)* prying (eyes)
fusée *(n. fem.)* rocket
fusil *(n. masc.)* rifle
fuyant *(adj.)* receding (chin)

galant *(adj.)*: **un galant homme** a gentleman; **un homme galant** a man attentive to ladies
galet *(n. masc.)* pebble, shingle
galon *(n. masc.)* braid, band
garde *(n. fém.)*: **prendre garde** to watch (out for); **garde (malade)** (private) nurse
garder to watch over, to protect; se **garder de** *(+ inf.)* to refrain from
gargouille *(n. fem.)* gargoyle
garnir to furnish
gâté *(adj.)* warped, spoiled
gazon *(n. masc.)* grass (of a lawn)
gazouiller to chirp
gazouillis *(n. masc.)* chirping
général *(adj.)* widespread
gerbe *(n. fem.)* sheaf
gérer to manage (a business)
gérondif *(n. masc.)* gerund
gestion *(n. fem.)* management
gifle *(n. fem.)* slap in the face *(synonyme:* **soufflet,** *n. masc.)*
givre *(n. masc.)* hoar-frost
glacial *(adj.)* icy

glisser to whisper; se **glisser dans** to slip into
gober to swallow
goinfre *(adj.)* glutton
gouffre *(n. masc.)* gulf, pit
goûter to enjoy
grâce *(n. fem.)* gracefulness, indulgence
gracier to pardon
graisseux *(adj.)* greasy
gras *(adj.)* heavy, coarse (features)
grave *(adj.)* deep (voice)
gravier *(n. masc.)* gravel
gravir to climb up
grêle *(adj.)* lank, spindle
grimaçant *(adj.)* grinning, making faces
grisonnant *(adj.)* turning gray
grondement *(n. masc.)* roar, roaring
gronder to roar
grotte *(n. fem.)* cave
groupement *(n. masc.)*: **groupement par association** group of words commonly related
guère *(adv.)* seldom, hardly
guérite *(n. fem.)* sentry-box
guetter to watch for
gueule *(n. fem.)* jaw, mug (slang)
guichet *(n. masc.)* (ticket) window

habillé *(adj.)* dressy, formal
habillement *(n. masc.)* dress
habituer à *(+ inf.)* to train; **s'habituer à** to get used to
habituel *(adj.)* favorite
haïssable *(adj.)* odious
hâlé *(adj.)* tan
haleine *(n. fem.)*: **à perdre haleine** at the top of one's lungs, until out of breath
hanche *(n. fem.)* hip
se **hasarder à** *+(inf.)* to chance
hâte *(n. fem.)*: **avoir hâte de** to look forward to
se **hâter de** *(+ inf.)* to be prompt in
hâtif *(adj.)*: **d'une voix hâtive** hastily
hautain *(adj.)* haughty
héler to call

herbage *(n. masc.)* pasture, grazing land

heurté *(adj.)* jerky, choppy

se heurter à to meet with, to collide

homard *(n. masc.)* lobster

honnête *(adj.)*: honnête homme gentleman

horripilant *(adj.)* exasperating

huile *(n. fem.)*: d'huile motionless (sea), of oil

hurlement *(n. masc.)* howling; pousser un hurlement to shriek, to scream

hurler to howl

idiot *(adj.)*: c'est idiot it's stupid

idiotisme *(n. masc.)* idiom

if *(n. masc.)* yew

ignorer not to know

imagé *(adj.)* rich in imagery

imberbe *(adj.)* beardless

importer: qu'importe que what does it matter if

importuner to annoy, to inconvenience

impliquer to imply

imposant *(adj.)* imposing, impressive

s'imposer to be necessary; s'imposer des sacrifices to make sacrifices

impressionner to impress

à l'improviste *(loc. adv.)* unexpectedly

inattendu *(adj.)* unexpected

incertitude *(n. fem.)* uncertainty

incliné *(adj.)* slanting

s'incliner to bow

incrusté *(adj.)* inlaid

indifféremment *(adv.)* equally

s'indigner to be indignant

inédit *(adj.)* unpublished

inespéré *(adj.)* unhoped for

inflexion *(n. fem.)*: langue à inflexion inflected language

ingéniosité *(n. fem.)* ingenuity

injure *(n. fem.)* insult

injurier to insult, to curse

insérer to insert

instant *(n. masc.)* moment; à l'instant just now

instruit *(adj.)* educated, learned

à l'insu de (q.q.) *(loc. prép.)* without (someone's) knowing it

s' insurger to rebel

intègre *(adj.)* honest

s'intéresser à to be interested in

interrogation *(n. fem.)* question

intime *(adj.)* intimate

intrigue *(n. fem.)* plot, situation

inutilement *(adv.)* unsuccessfully

invité *(n. masc.)* guest

invraisemblablement *(adv.)* unbelievably, improbably

irruption *(n. fém.)*: faire irruption dans to rush into

isolément *(adv.)* alone

issu de *(p.p.)* born into

à l'italienne *(loc. adv.)* in the Italian style

jacasser to jabber

jalonné de *(p.p.)* scattered with

jambage *(n. masc.)* jamb

jambe *(n. fem.)*: prendre ses jambes à son cou to take to one's heels

jardin *(n. masc.)* garden; — potager vegetable garden; — d'agrément flower garden

jet d'eau *(n. masc.)* fountain

se joindre à to join

joncher (de) to scatter (with)

se jouer de to laugh at, to make a fool of

jouir de to enjoy

jouissance *(n. fem.)* enjoyment, pleasure

jour *(n. masc.)*: un jour sur deux every other day

juif *(adj.)* Jewish

juste *(adj.)* très juste exact; le mot juste the proper word

labour *(n. masc.)* a (ploughed) field

lâche *(adj.)* lax, cowardly

laideur *(n. fem.)*: d'une laideur repoussante repulsively ugly

lancer to cast, to interject, to fling out; lancer un cerf-volant to fly a kite; lancer un défi to fling down a challenge

languissant *(adj.)* lingering
langoureux *(adj.)* languishing
se lasser de *(+ inf.)* to get wearied of, to be tired of
laurier *(n. masc.)* laurel
lecteur *(n. masc.)* reader
lecture *(n. fem.)* reading matter
leste *(adj.)* nimble
lexique *(n. masc.)* vocabulary
liaison *(n. fem.)* link
libertin *(n. masc.)* free-thinker
lieue *(n. masc.)* league (measurement)
se liguer to league, to oppose
lisible *(adj.)* readable
lisse *(adj.)* sleek (hair)
livrer to betray (secret)
locution *(n. fem.)* phrase; **locution prépositive** prepositional phrase
loin *(adv.)*: **au loin** in the distance; **au lointain** in the distance
longueurs *(n. fem. plur.)* prolixity
se louer de to be pleased with
lueur *(n. fem.)* glow
luron *(n. masc.)*: **joyeux luron** jolly good fellow
lustre *(n. masc.)* chandelier
lutteur *(n. masc.)* fighter, wrestler

mâchonner to chew
magnifique! *(interj.)* wonderful!
maintien *(n. masc.)* bearing, carriage
mais voyons *(interj.)* oh, come on; well
maîtresse *(n. fem.)*: **maîtresse de maison** lady of the house, hostess; **maîtresse d'auberge** innkeeper
maîtriser to overpower
mal acquis *(adj.)* acquired by devious means
malaise *(n. masc.)* uneasiness
malaisé *(adj.)* difficult
malappris *(n. masc.)* boor
malencontreusement (adv.) unluckily
malheureux *(n. masc.)* unfortunate
malhonnête *(adj.)* dishonest
malice *(n. fem.)* prank, mischief
malin *(adj.)* sly, shrewd
manchette *(n. fem.)* headline

manège *(n. masc.)* scheme, intrigue
manière *(n. fém.)*: **à la manière de** in the same way as
manifestation *(n. fém.)* occurrence
manifester: **manifester le désir** to express the desire
manquer (de) to lack (in)
marée *(n. fém.)* tide
mariés *(n. masc. plur.)* married couple
marteler to hammer
martellement *(n. masc.)* hammering, tramping
mas *(n. masc.)* name for a farm in the south of France
massif *(adj.)* sturdy, heavy, solid (oak)
mat *(adj.)* sodden
matinée *(n. fém.)*: **faire la grasse matinée** to sleep late
matraque *(n. fém.)* blackjack
maussade *(adj.)* gloomy
mazout *(n. masc.)* oil fuel
méchamment *(adv.)* wickedly
méchanceté *(n. fém.)* wickedness
méconnaissance *(n. fém.)* ignorance, unfamiliarity
mécontentement *(n. masc.)* discontent
méditer de *(+ inf.)* to contemplate, to plan
se méfier de to mistrust, to be suspicious
se mêler: **se mêler à** to mingle with, to take part in; **se mêler de** *(+ inf.)* to take upon oneself to, to interfere with
membre *(n. masc.)*: **membre de phrase** part of a sentence
même *(adv.)*: **tout de même!** for heaven's sake! after all!
menu *(adj.)* tiny, small
se méprendre to be mistaken
mépris *(n. masc.)* contempt; **un mépris souriant de la queue** a contemptuously amused twist of the tail
merveilleusement awfully, extremely
mesure *(n. fém.)*: **à mesure que** *(conj.)* as *(aspect graduel)* **se mesurer (à)** to cope (with)
mets *(n. masc.)* dish (prepared food)

mettre: mettre pied à terre to dismount

meule *(n. fem.)*: meule de foin haystack

meunier *(n. masc.)* miller

meunerie *(n. fem.)* miller's trade

meurtre *(n. masc.)* murder

miaulement *(n. masc.)* mew

midi *(n. masc.)* south

miel *(n. masc.)* honey

mince *(adj.)* thin

mine *(n. fém.)*: avoir bonne mine to look good, healthy; avoir la mine éveillée to look bright

minutieux *(adj.)* exacting

miroitement *(n. masc.)* glistening

miroiter to glisten

mis *(adj.)*: être mis to be dressed, attired

mistral *(n. masc.)* name of a northerly wind that blows down the Rhône valley

mode *(n. fem.)*: de mode fashionable

modique *(adj.)*: la modique somme de nominal

moelleux *(adj.)* soft

moeurs *(n. fem. plur.)* manners and customs, mores

moine *(n. masc.)* monk

à moins que *(conj.)* unless

ne . . . pas moins *(adv.)* nonetheless

moisi *(adj.)* musty

moisir to rot away

monté *(adj.)* built, roused, stirred

se montrer to be, to act

moral *(n. masc.)*: au moral *(adv.)* psychologically

morceau *(n. masc.)*: un morceau sur le pouce a snack; des morceaux choisis selected excerpts

mortel *(adj.)* fatal

mouette *(n. fem.)* seagull

moulin *(n. masc.)* mill; moulin à vent windmill

mousseline *(n. fem.)* muslin

mouvant *(adj.)*: sables mouvants quicksand; crinière mouvante flowing mane

mouvementé *(adj.)* animated, lively

moyen *(n. masc.)*: au moyen de, à l'aide de by means of; avoir les moyens de to be able to afford

Moyen Âge *(n. prop. masc. sing.)* Middle Ages

mugir to bellow

se munir de to take along, provide oneself with

muraille *(n. fem.)* thick wall

murmurer to whisper

muscate *(n. masc.)* name of a wine made from muscatel grapes

nationale *(n. fem.)*: la (route) nationale the state (interstate) highway

naturel *(n. masc.)* lack of affectation, simplicity

navrant *(adj.)* depressing, sad, distressing

néanmoins *(adv.)* nevertheless

nef *(n. fem.)* nave

négativé *(adj.)* modified by a negative

négligé *(adj.)* unkempt, neglected

négliger de *(+ inf.)* to neglect, to ignore

neigeux *(adj.)* snowy

niais *(adj.)* silly, stupid

nier to deny

noble *(adj.)* elevated

nôtres *(pron. poss.)*: être des nôtres to be with us

noué *(adj.)* knit, knotted

nourrice *(n. fem.)* nurse

à nouveau *(loc. adv.)* again

nouvelle *(n. fem.)* short story, piece of news

noyé *(adj.)* blotted out

nu *(adj.)* bare

obligeance *(n. fem.)*: avoir l'obligeance de *(+ inf.)* to be kind enough to

obsédé *(adj.)* obsessed

s'obstiner à *(+ inf.)* to persist

obtention *(n. fem.)* obtaining

œil *(n. masc.)*: coup d'œil glance, glimpse

offrir to make a present of, to offer as a gift

s'**offrir**   to treat oneself to, to volunteer

ombragé *(adj.)*   shady

ondulé *(adj.)*   wavy

opérer   to perform

opposer   to put up (resistance)

ordre *(n. masc.)* : **jusqu'à nouvel ordre** until further notice

orgues *(n. fem. plur.)*   organ

originaire de *(adj.)*   born in, from

orme *(n. masc.)*   elm

orné *(adj.)*   adorned

osseux *(adj.)*   bony

où *(adv.)* : **où que** *(conj.)*   wherever; **où bon me (lui) semble**   wherever I (he) please(s)

oubli *(n. masc.)*   forgetting

ouf! *(interj.)*   oh! (relief)

ourdi *(adj.)*   hatched

ouvrir : **ouvrir des yeux ronds**   to stare in wide-eyed surprise; **s'ouvrir** to open, to be opened

oxygéner   to bleach

pain *(n. masc.)* **petit pain**   roll

paisible *(adj.)*   tranquil, peaceful

se **pâmer (de)**   to be transported (with)

pamphlet *(n. masc.)*   lampoon

paraître   to appear, to come out, to be published; **il paraît**   it seems, (I) was told

parasol *(n. masc.)*   beach umbrella

paratonnerre *(n. masc.)*   lightning rod

parcourir   to travel

pardon *(interj.)*   excuse me, pardon me; **demander pardon**   to apologize

parent *(n. masc.)*   relative; **mes parents**   my parents

parer (de)   to adorn (with)

parquet *(n. masc.)*   floor

parsemer (de)   to sprinkle (with)

particulièrement *(adv.)* : **tout particulièrement**   exceptionally

parvenir à *(+ inf.)*   to succeed

pas *(n. masc.)* : **d'un bon pas**   briskly

passant *(adj.)*   busy (street)

passe-partout *(adj.)*   skeleton key

passer : **passer un examen**   to take an examination; **se passer de**   to do without

passionnant *(adj.)*   exciting

passionner   to interest, to captivate

pastille *(n. fem.)*   lozenge, drop

pâté *(n. masc.)* : **pâté de maisons**   block (of buildings)

patibulaire *(adj.)*   sinister; **la mine patibulaire**   the looks of a gallow bird

pâturage *(n. masc.)*   pasture

pâture *(n. fem.)* : **offrir en pâture**   to feed, to stuff

pédalo *(n. masc.)*   pedal boat

peindre   to depict

peine *(n. fem.)*   trouble, hardship, misery; **se donner de la peine**   to take the trouble; **faire peine à voir** to be pitiful to look at; **avoir de la peine à** *(+ inf.)*   to have difficulties

à **peine** *(adv.)*   hardly

peler   to peel

pèlerin *(n. masc.)*   pilgrim

pelouse *(n. fem.)*   lawn

pendre (à)   to hang (on, from)

pendule *(n. fem.)*   clock

pénétré (de)   impressed (with)

péniblement *(adv.)*   laboriously

percé *(adj.)*   cut into (the wall); **percé à jour**   hewn out

percevoir   to perceive

se **perdre**   to be lost, to get lost, to disappear

péripétie *(n. fem.)*   event, change

permettre de *(+ inf.)* : **se permettre de**   to take the liberty; **si mes moyens me le permettent**   if I can afford it

perron *(n. masc.)*   front steps or porch

perruque *(n. fem.)*   wig

persuader   to convince

perte *(n. fem.)* : **à perte de vue**   as far as the eye can reach

pesant *(adj.)*   sluggish (walk)

pétiller   to crackle

de **peur que** *(conj.)*   for fear that

phrase *(n. fem.)*   sentence

physique *(n. masc.)* : **au physique** *(adv.)*   physically

pic *(n. masc.)*   peak; **à pic**   vertically

pièce *(n. fem.)* : **pièce de blé**   patch of wheat

pied *(n. masc.)*: **au pied du mur** in a tight corner, at work, in action

à pierre fendre *(loc. adv.)* hard enough to split rocks

pile *(n. fem.)* pile, stack

pilier *(n. masc.)* pillar, column

pilule *(n. fem.)* pill

pimbêche *(n. fem.)* uppish woman

pin *(n. masc.)* fir tree; **pomme de pin** pine cone

piqué *(adj.)*: **piqué au vif** cut to the quick

se piquer (de) to pride oneself (on)

pis *(adv.)*: **de pis en pis** from bad to worse

piscine *(n. fem.)* swimming-pool

piste *(n. fem.)* trail, track

se plaire à to take pleasure in, to enjoy

plaisance *(n. fem.)* pleasure

plaisanter to make fun of

plaît-il? *(interj.)* I beg your pardon?

planer to glide

plantureux *(adj.)* buxom

plat *(adj.)* insipid

pleurs *(n. masc. plur.)* weeping

se plier à to abide by, to accept

plissé *(adj.)* squint (eyes)

plomb *(n. masc.)*: **un soleil de plomb** a heavy sun

plus *(adv.)*: **de plus en plus** more and more; **en plus de** besides, in addition to

poche *(n. fem.)*: **livre de poche** pocket-size book, paperback

point *(n. masc.)*: **le point du jour** daybreak

pointer to peek (sun); to soar (peak); to spring up

pointure *(n. fem.)* size (shoe, socks, gloves)

policier *(adj.)*: **roman policier** detective story

poltron *(n. masc.)* coward

pommettes *(n. fem. plur.)* cheekbones

port *(n. masc.)* wearing

portail *(n. masc.)* gate

porte *(n. fem.)*: **mettre à la porte** to throw out

porté par *(p.p.)* supported by

portée *(n. fem.)* scope; **à la portée** within the reach

porter to support, to bear; to have, to give (toast)

portillon *(n. masc.)* (small) gate

se poser to land; **se poser en** to act as

poste *(n. masc.)*: **poste de police** police station

potelé *(adj.)* plump

pouah! *(interj.)* faugh!

pouce *(n. masc.)* inch

pouls *(n. masc.)* pulse

poumon *(n. masc.)*: **à pleins poumons** at the top of one's lungs

pour (+ *adj.*) **que** *(conj.)* however (+ adj.)

pourpre *(adj.)* dark red; **les pourpres** the red glows

pourvu que *(conj.)* provided that

poussé *(adj.)* sprung

pousser (un cri) to let out, to utter

poussiéreux *(adj.)* dusty

précieux *(adj.)* affected

se précipiter to rush

préféré *(adj.)* favorite

préfigurer to herald, to announce

préjugé *(n. masc.)* prejudice

se prélasser to lounge

premier *(n. masc.)*: **un jeune premier** actor playing first lover's role, juvenile lead

prendre: **se prendre le doigt** to get one's finger caught; **s'y prendre** to go about, to manage; **s'en prendre à** to lay the blame on; **en nous y prenant ainsi** in this way, thusly

près *(adv.)*: **à y regarder de plus près** after closer examination; **être près de** to be about to

présage *(n. masc.)* omen

présenter to offer (apology); **se présenter à** to appear for (exam)

prévenir to prevent

prévoyant *(adj.)* prudent

prière de (+ *inf.*) *(loc. prep.)* please (+ imperative)

principe *(n. masc.)* **par principe** out of principle, as a matter of principle

pris *(adj.)*: **avoir la taille bien prise** to be well-proportioned prise *(n. fem.)* hold

procédé *(n. masc.)* operation, process

prochain *(n. masc.)* fellowman, neighbor

prochain *(adj.)* next, imminent

procurer to offer; to find

prodiguer to be prodigal of

proférer to utter (threats)

projeter to plan

prolixe *(adj.)* verbose

prononcer to deliver (speech)

propos *(n. masc. plur.)* words, discourse; **tenir des propos divers** to talk about this and that

se proposer to set (a goal), to plan for

proposition *(n. fem.)* clause; **proposition nominale** noun clause; **proposition circonstancielle** adverbial clause

proprement *(adv.)*: **à proprement parler** so to speak, actually

provisoire *(adj.)* temporary

puiser to draw

punition *(n. fem.)* punishment

quartier *(n. masc.)*: **bas-quartier** lower district (typographically and socially)

quatre à quatre *(loc. adv.)* rapidly

quelque *(+ nom)* que *(conj.)* whatever (+ noun); **quelque** *(+ adj.)* however (+ adj.)

querelle *(n. fem.)* dispute

queue *(n. fem.)*: **se terminer en queue de poisson** to end abruptly, illogically

quiconque *(pr. indef.)* whoever, whomever

qui que ce soit *(pr. indef.)* whoever, whomever

quoi *(pr. rel)*: **de quoi vivre** enough to live on

quoi que *(conj.)* no matter what

quoi que ce soit *(pr. indef.)* whatever

râblé *(adj.)* robust

radieux *(adj.)* radiant

rafale *(n. fem.)* gust

rage *(n. fem.)* rabies; **faire rage** to rage

se railler de to scoff at

raison *(n. fem.)*: **à plus forte raison** even more so

ramure *(n. fem.)* branches, boughs

rangée *(n. fém.)* row

râpé *(adj.)* threadbare

rapide *(adj.)*: **une rue rapide** a steep street

par rapport à *(loc. adv.)* in relation to; to

rapporter to bring in, to bring back

rasé *(adj.)* shaven; **rasé de frais** clean shaven

raseur *(n. masc.)* bore

se rattacher to connect, to link

rattraper **(q.q.)** to catch up (with)

rauque *(adj.)* hoarse (voice)

à ravir *(loc. adv.)* attractively

se raviser to change one's mind, to have second thoughts

ravissant *(adj.)* ravishing

raviver revive

rayer to cross out; **rayé** *(adj.)* striped

rayonner to beam

réalisation *(n. fem.)* accomplishment

réaliser to reach, to make . . . come through; **se réaliser** to fulfill oneself

rébarbatif *(adj.)* stern

rebondi *(adj.)*: **ventre rebondi** potbelly

rebondir to bounce

rebuter to repel

recaler *(fam.)*: **se faire recaler** to flunk

recherché *(adj.)* refined

rechigner à *(+ inf.)* to be reluctant (to)

récif *(n. masc.)* reef

recommander to commend; **se recommander** to appeal, to attract

réconfortant *(adj.)* comforting

reconnaître to admit

recouvrer to resume

recueil *(n. masc.)* collection

rédiger to write (out), formulate in writing

refermer to close again

refléter to reflect

refuser: se voir refuser to be refused, to be denied; **se refuser à** *(+ inf.)* to flatly refuse

régime *(n. masc.)* regimen, construction; **au régime** on a diet

régir to govern

rejeter to reject

se réjouir de to rejoice, to be delighted

réjouissant *(adj.)*: **il est réjouissant** it is a joy

relatif à *(adj.)* about

relevé *(adj.)* found, noticed

relié à *(p.p.)* linked with

relief *(n. masc.)*: **mettre en relief** to emphasize, to stress; **mise en relief** emphasis

relier to link, to connect

reluisant *(adj.)* shiny

se remémorer to recall

remplir to accomplish (one's task, duty); to hold (a position)

remporter to obtain, to win; to enjoy

renard *(n. masc.)* fox

se rencontrer to be found

rendre: rendre *(+ adj.)* to make *(+* adj.); **se rendre à** to go somewhere

renfermé *(adj.)* stuffy

renfrogné *(adj.)* scowling, surly

renverser to overthrow

renvoyer to dismiss, to expel, to fire

se répandre to spread, to spill

repartir to retort wittily

replet *(adj.)* plump

réplique *(n. fem.)* cue, repartee

répliquer to reply

se reporter à to consult, to refer to; to go back (mind)

reposer to lie, to rest

reprendre to resume; **reprendre (une idée)** to sum up

reprise *(n. fem.)*: **à diverses reprises** several times

répugner to repulse, to disgust; **répugner à** *(+ inf.)* to loathe

réseau *(n. masc.)* network

résonner to reverberate

se résoudre à *(+ inf.)* to resolve upon, to determine to; to be solved

respirer: respirer la santé to look a picture of health

resplendir glitter

resplendissant *(adj.)* glowing (with health)

ressentir to experience, to feel

retard *(n. masc.)* delay

retenir to retain, to remember; **je ne vous retiens pas** you may go

retentir to resound, to ring

retentissant *(adj.)* resounding

retracer to recall

retroussé *(adj.)* turned up (nose)

réussite *(n. fem.)* success

rêverie *(n. fem.)* fantasy

revers *(n. masc.)* set-back

revêtir to panel, line; to display

réviser to review

révision *(n. fem.)* review

ribambelle *(n. fem.)* a long line

ricaner to chuckle, to snicker

ridé *(adj.)* wrinkled

rieur *(adj.)* smiling (eyes), mocking

rime *(n. fem.)* rhyme

ringard *(n. masc.)* poker

riposter to retort

rire: rire de *(+ inf.)* to rejoice in; **se rire de** to laugh at, to scorn

risible *(adj.)* funny, laughable

se risquer à *(+ inf.)* to venture

rocailleux *(adj.)* rugged, pebbly, stony

romancier *(n. masc.)* novelist

ronfler to snore

ronronner to purr

rosace *(n. fem.)* rose window

royaume *(n. masc.)* kingdom

rubrique *(n. fem.)* newspaper column, heading

rude *(adj.)* severe

ruelle *(n. fem.)* alley

se ruer sur to rush on

rugueux *(adj.)* rough

sablé *(adj.)* sandy

sagesse *(n. fem.)* wisdom

saillant *(adj.)* protruding

saisir to grasp

saisissant *(adj.)* startling, impressive

salon *(n. masc.)* drawing-room, living-room

sang *(n. masc.)* **coup de sang** stroke

sang-froid *(n. masc.)*: **homme de sang-froid** cool-headed man

sanglant *(adj.)* bloody, fierce

sangloter to sob

sanguin *(adj.)* rubicund

saugrenu *(adj.)* absurd, ridiculous

sautillant *(adj.)* hopping

sauver: **sauve qui peut!** run for your life!

sauveteur *(n. masc.)* rescuer

savoir: **je ne saurais** I could not; **savoir-vivre** *(n. masc.)* good manners

schématiser to diagram

scintillement *(n. masc.)* twinkling

scintiller to twinkle

scruter scrutinize, understand

sculpté *(adj.)* sculptured, carved

au secours! *(interj.)* help!

séculaire *(adj.)* centuries old

séduisant *(adj.)* fascinating, alluring

semelle *(n. fem.)*: **ne pas quitter quelqu'un d'une semelle** not to let someone out of one's sight

sémillant *(adj.)* vivacious, full of spirits

semonce *(n. fem.)* reprimand

sens *(n. masc.)*: **bon sens** common sense; **à sens** with a meaning

sentinelle *(n. fem.)* sentry

sentir to smell, to feel; **faculté de sentir** sensitivity

sérieux *(n. masc.)*: **garder son sérieux** to keep a straight face; *(adj.)* **un quartier sérieux** a conservative district

serpenter to meander

serviable *(adj.)* obliging

seuil *(n. masc.)* threshold

seul *(adj.)*: **tout seul** all by oneself; **à eux seuls** (all) by themselves

sévère *(adj.)* austere

les siens *(n. masc. plur.)* his kin

sieste *(n. fem.)* nap

siffler to hiss, to whistle

sifflet *(n. masc.)* whistle

signaler to inform

silhouette *(n. fem.)* figure

sillage *(n. masc.)* wake

sillon *(n. masc.)* furrow

sillonner to flash through

singer to ape

singulier *(adj.)* strange, odd; particular

siroter to sip

sitôt *(conj.)* as soon as *synonym:* **aussitôt que)**

smoking *(n. masc.)* tuxedo

sobre *(adj.)* unadorned

société *(n. fem.)*: **Société des Nations** League of Nations

soigneusement *(adv.)* carefully, neatly

soin *(n. masc.)*: **avec soin** carefully

solennel *(adj.)* solemn

sommeiller to doze, to nap

somnolent *(adj.)* sleepy

somnoler to doze off

songer à to dream, to think of

sonner to sound (horn)

sonnette *(n. fem.)* small bell

sorte *(n. fem.)*: **de la sorte** such as this, of this type, in that way, thus

sot *(adj.)* silly, foolish

sou *(n. masc.)*: **ne pas avoir un sou vaillant** not to have a penny to one's name

se **soucier de** to care about

soucoupe *(n. fem.)* saucer

souffle *(n. masc.)* breath of air

souhait *(n. masc.)* wish; **à vos souhaits!** God bless you! Here's to you!

souhaitable *(adj.)* desirable

soulevé *(adj.)*: **soulevé d'admiration** filled with admiration

se **soumettre** to submit

soupçon *(n. masc.)* suspicion

soupçonner de *(+ inf.)* to suspect

soupirer to sigh

souple *(adj.)* smooth, flowing

sourd *(adj.)* muffled (voice)

souriant *(adj.)* peaceful, inciting, friendly; unperturbed, benevolent (quietude)

sournois *(adj.)* cunning, sly

sous-entendu *(adj.)* understood, implied

soutenir to maintain

souvenir: il me souvient I recall

spirituel *(adj.)* witty

subir to suffer

subitement *(adv.)* suddenly

subordonné à *(adj.)* determined by, dependent upon

suggérer de *(+ inf.)* to propose, to suggest

à la **suite de** *(loc. prep.)* after, as a result of

supercherie *(n. fem.)* fraud

suppléer to supply, to provide

supplier de *(+ inf.)* to beg, to implore

supporter to hold; to stand (someone)

à **supposer que** *(conj.)* even if, provided that

surchargé *(adj.)* overloaded

surgir to appear suddenly, to rise into view

surmonter to tower, to rest on top; to surmount, to overcome

surprenant *(adj.)* astonishing, extraordinary

survêtement *(n. masc.)* gym-suit, track suit

sympathique *(adj.)* friendly, likable

tableau *(n. masc.)*: être (inscrit) au tableau d'honneur to be on the honor roll

taillé *(adj.)* hewn

tamisé *(adj.)* soft (light)

tantôt *(adj.)* recently

taper: taper sur les nerfs de to get on (someone's) nerves

en **tapinois** *(loc. adv.)* stealthily, slyly

taquiner to tease

tarder à *(+ inf.)* to linger at

tas *(n. masc.)* heap, pile

teinter to tint

tel *(adj.)* such, so, thus (synonym: ainsi), like that

téléphone *(n. masc.)*: coup de téléphone ring

témoigner de to show, to prove

tendre to extend, to hold out; **tendre vers** to strive for; **tendre l'oreille** to listen intently; **tendre à** *(+ inf.)* to tend to

ténèbres *(n. fem. plur.)* darkness

ténébreux *(adj.)* dark, mysterious, shady

tenir: qu'à cela ne tienne never mind; **savoir à quoi s'en tenir** to know where one stands; **se tenir au courant** to keep informed

terme *(n. masc.)* termination, end

terne *(adj.)* dull

terre *(n. fem.)*: par terre on the ground, down; **terre à terre** down to earth, earthy; **plein de terre** soiled, covered with dirt

tête *(n. fem.)*: coup de tête impulse; **en tête de** in front of; **femme de tête** strong-willed woman

thèse *(n. fem.)* thesis

tintamarre *(n. masc.)* din

tintement *(n. masc.)* tinkling

tirer: se tirer de to extricate oneself from; **se tirer d'affaire** to manage out; **tiré de** (borrowed) from

tiret *(n. masc.)* dash

tisonnier *(n. masc.)* poker

toilette *(n. fem.)* clothes, wardrobe

tombant *(adj.)* drooping

tombeau *(n. masc.)* tomb

ton *(n. masc.)* hue

tondre to mow, to shave off; **bien tondu** well mown

tonnelle *(n. fem.)* arbor

tortue *(n. fem.)* turtle, tortoise

tôt *(adv.)*: avoir tôt fait de *(+ inf.)* to be prompt in (will soon)

toucher: toucher un salaire to draw a salary

touffu *(adj.)* luxuriant, dense, thick

tour *(n. masc.)*: un mauvais tour a dirty trick

tourbillonner to whirl, to swirl

tourelle *(n. fem.)* turret

tournant *(n. masc.)* bend, curve

tourner: tourner (une colonne) to mold, to shape, to spin; **la tête lui avait tourné** he had almost fainted

tout : tout *(+ adj.)* **que** *(conj.)* however *(+ adj.)*

tracasser to worry (someone)

traduction *(n. fem.)* translation

traduire to translate

train *(n. masc.)* : **train de vie** standard of living, way of life

traînant *(adj.)* dragging

traité *(n. masc.)* treatise

traits *(n. masc. plur.)* features (of a face)

trancher sur to contrast with

transpercer to run (one's sword) through, pierce

trapu *(adj.)* stocky

traversée *(n. fem.)* crossing, voyage

tremblotant *(adj.)* quavering (voice)

tremper dans to be implicated in

se **trémousser** to wiggle

trésor *(n. masc.)* treasure

tricher to cheat

trivial *(adj.)* coarse

trombe *(n. fem.)* : **en trombe** like a flash (a bolt)

tronc *(n. masc.)* trunk

trotter to toddle, run around

trouble *(n. masc.)* agitation

trousses *(n. fem. plur.)* : **être aux trousses de quelqu'un** to be upon someone's heels, to be after someone

trouver : trouver bon to think fit; **trouver la mort** to meet one's death

truite *(n. fem.)* trout

uni *(adj.)* plain

unique *(adj.)* single

un tel : Monsieur Un tel Mr. So-and-So; **Madame Une telle** Mrs. So-and-So

urgence *(n. fem.)* emergency

us et coutumes *(n. masc. plur.)* usage and customs

usé *(adj.)* trite

usité *(adj.)* used

vacarme *(n. masc.)* uproar

valoir to impose, to bring upon; **mieux vaut** = **il vaut mieux** it is better, it is preferable

vanter, to praise, to boast; **se vanter** to boast

vaniteux *(adj.)* vain

vaquer to attend to

veiller (q.q.) to attend (a sick or dead person)

se **venger** to avenge (oneself)

vent *(n. masc.)* : **coup de vent** gust of wind; **sortir en coup de vent** to dash out

vente *(n. fem.)* sale; **vente aux enchères** auction sale

venue *(n. fem.)* arrival

véranda *(n. fem.)* enclosed porch, sunroom

verdâtre *(adj)* greenish

vérité *(n. fem.)* truism; **dire ses quatre vérités à (q.q.)** to tell (someone) off

vermeil *(adj.)* ruddy

versant *(n. masc.)* slope

verse *(n. fem.)* : **pleuvoir à verse** to pour

verser : verser des arrhes to make a down-payment

vertige *(n. masc.)* acrophobia, giddiness

vessie *(n. fem.)* : **prendre des vessies pour des lanternes** to believe the moon is made of green cheese

vestibule *(n. masc.)* entrance hall, lobby

vêtir to dress

vieillir to grow old

vierge *(n. fem.)* virgin

vieux *(n. masc.)* : **mon vieux** old pal

vif *(adj.)* fiery (look, eyes); brisk (air); bright (color); violent (resistance); keen (interest)

virer to turn

visage *(n. masc.)* face

viser to aim at

vitesse *(n. fem.)* : **à toute vitesse** at full speed

vitrail (vitraux) *(n. masc.)* stained-glass window

vitreux *(adj.)* glassy

Vittel *(n. prop. masc.)* : **eau de Vittel** a mineral water; **mettre à l'eau de Vittel** to be put on a Vittel diet

vivant *(adj.)* real, lifelike

vivre (de) to thrive (on); **qui vive?** who goes there?

voeu *(n. masc.)* (solemn) wish; vow

voie *(n. fem.)* vocation

voilé *(adj.)* veiled, clouded (sadness)

voir (le maçon) to judge; **mieux vue** more favorably considered

volant *(n. masc.)* steering wheel

volontaire *(ad.)* tenacious (chin)

volte-face *(n. fem.)*: **faire volte-face** to turn around, reverse one's opinions

volubile *(adj.)* voluble, talkative

vôtre *(pr. poss.)*: **à la vôtre!** Cheers! Here is to you!

vouer to pledge; **ne pas savoir à quel saint se vouer** not to know which way to turn

vouloir: vouloir du mal à (q.q.) to wish (someone) harm

vouloir bien ought to; to be willing

voûte *(n. fem.)* arch, vault

voûté *(adj.)* bent

voyant *(adj.)* flashy

voyou *(n. masc.)* hoodlum

vraisemblable *(adj.)* realistic, believable

zébrer to stripe

INDEX

INDEX

Manière, prépositions
  manière, 165, 314
  situation, 165
  moyen naturel, 169
  moyen mécanique, 169
  introduisant un gérondif, 162, 166
Matière
  complément déterminatif: 157; composition partielle, 156; composition totale, 156
  prépositions: matière (sens propre), 166; matière (sens figuré), 166
Mésure, complément déterminatif, 157
Mise en relief
  du sujet, 208
  du sujet dans les propositions exclamatives, 210
  du complément d'objet direct, 210
  du complément d'object direct dans les propositions exclamatives, 211
  du complément d'object indirect, 211
  du complément circonstanciel, 211
  de l'attribut, 212
  du pronom relatif, 202
Moyen, prépositions. *Voir* Manière

Nombre
  prépositions: imprécision, 158; différence numérique, 162; prix, distribution, 162; dimension, 162

Obligation, complément déterminatif, 186
Opposition
  prépositions, 160
  gérondif, 193
  participe passé, 195
Origine, prépositions, 162, 164, 166

Participe passé
  accord, 195; verbes pronominaux, 196
  proposition participe, 194
Participe présent
  participe présent et adjectif verbal (distinction), 192

proposition participe, 192
le gérondif, 193
remplacement du participe présent: par un participe passé, 194; par un infinitif, 194; par un substantif, 194
Passif
  construction, 197
  valeur, 197
  emploi, 197
  temps, 198
  remplacement du passif: par la voix active, 198; par la construction active avec *ON*, 198; par la voix pronominale, 199
  verbes pronominaux remplaçant la voix passive, 199
  verbes pronominaux dont le participe passé s'accorde toujours avec *SE*, 196
Pensée
  verbes de (+ infinitif direct), 184
Perception
  verbes de (+ infinitif direct), 185
  verbes de (+ substantif), chap. pratique, 73
Point de vue, 133
Prépositions
  about, 158
  after, 159
  against, 160
  along, 160
  at, 160
  by, 161
  for, 162
  from, 164
  in (into), 165
  of, 166
  on, 167
  through, 168
  to, 168
  with, 169
  amplification (emploi cf. notes 171): par une locution prépositive, 170; par une proposition relative, 170; par un participe, 170; par un infinitif, 170
Pronominaux (verbes)
  accord, 195
  à sens passif, 199
  suivis de l'infinitif, 185, 187, 188
Protection, prépositions, 160, 163

241